10の基本ルールで学ぶ

基本ルールで学ぶ

外国人のための
ビジネス文書の書き方

白崎 佐夜子 ● 著

スリーエーネットワーク

Published by 3A Corporation.
Trusty Kojimachi Bldg., 2F, 4, Kojimachi 3-Chome, Chiyoda-ku, Tokyo 102-0083, Japan

ISBN978-4-88319-896-2 C0081

First published 2021
Printed in Japan

はじめに

　本書は、中級レベル以上の日本語学習者を対象にしたビジネス文書ライティングの入門テキストです。ビジネス文書の基本となる「社内文書」に焦点を当て、「日報」「研修報告書」「議事録」「稟議書」「提案書」が作成できるようになることを目標にしています。

　本書の対象は、主に次のような方々です。

　　・初めてビジネス文書を作成する方、ビジネス文書作成の基礎が知りたい方
　　・ビジネス文書の作成に不安や疑問、苦手意識がある方
　　・ビジネス文書にふさわしい表現が使えるようになりたい方
　　・ビジネス文書を作成するのに時間がかかってしまう方

　第1章では、ライティングで間違えやすい点を10の基本ルールにまとめました。例や練習の語彙・表現は、どれも実際のビジネスの場ですぐに役立つものです。第2章では、各文書の特徴、作成の流れ、注意点を詳しく解説しました。下書きメモやサンプル、チェックポイントリストによって、初心者でも一人で無理なくビジネス文書が作成できる構成です。

　ビジネスの場面では、文書によるコミュニケーションが欠かせません。ビジネス文書が正しく作成できることは、大変重要なスキルの一つです。本書をビジネス文書ライティングの第一歩として、多くの皆さんにお使いいただけることを願っています。

　最後になりましたが、本書がこのような形になるまで、常に温かく見守ってくださいました有限会社ジャパンオンラインスクールの小池慶さん、教務主任の飯嶋雅代先生に心より感謝申し上げます。また、様々な助言を頂きました株式会社スリーエーネットワーク編集部の溝口さやかさん、中川祐穂さんに深くお礼申し上げます。

2021年9月

白崎佐夜子

目次

本書の使い方

■ **全体構成** 本書は「本冊」および「別冊」からなります。

1. 本冊

本冊は、「ビジネス文書の目的と社内文書」「第1章 基本ルール10」「第2章 社内文書を作成する」「語彙リスト」に分かれています。

(1) ビジネス文書の目的と社内文書

ビジネス文書とは何かについて説明しています。まず、ビジネス文書の目的、種類、特徴を確認してください。

(2) 第1章 基本ルール10

社内文書を書く時に間違えやすい点が、10の基本ルールにまとめてあります。基本ルール10は、3つの目標に分かれています。ルール1から順番に学ぶだけでなく、勉強したい目標やルールから始めることもできます。

目標	基本ルール
ビジネス文書にふさわしい表現を使う	1～4
簡潔で分かりやすい文を書く	5～7
効率良く情報を伝える工夫をする	8～10

各ルールは、「ウォーミングアップ」「チェックポイント」「練習」で構成されています。

ウォーミングアップ	表現の誤りや改善すべき点がある社内文書が載せてあります。次のページのチェックポイントを見る前に、まず、どう直したら良いかを考えてください。
チェックポイント	ウォーミングアップの質問の答えとなるポイントを詳しく説明しています。例や表などを見ながら、しっかり理解してください。
練習	基本的に、練習1が基本練習、練習2～3が発展練習です。問題文には、チェックポイント番号が書いてあります。(例：➡1-①②=「ルール1・チェックポイント1と2」) 応用はやや難しい問題です。●下書きメモには、チェックするべきポイントや、文書作成のヒントが書いてありますので、活用してください。 解答用紙は、スリーエーネットワークのウェブサイトからダウンロードできるものもあります。実際にパソコンで入力してみるのも良いでしょう。

(3) 第2章　社内文書を作成する

　　第2章は、「社内文書の書式　—書体・文字サイズ・配置—」「社内文書（1.日報、2.研修報告書、3.議事録、4.稟議書、5.提案書）」「コラム（1、2）」で構成されています。

① 社内文書の書式　—書体・文字サイズ・配置—

　　実際に社内文書を作成する上で、気を付けなければならないレイアウトのポイントや、文字サイズなどについて説明しています。

② 社内文書（1〜5）

　　各社内文書は、「作成の流れ」「サンプル」「練習」で構成されています。

作成の流れ	作成する時の流れに沿って、書くべき項目の内容とポイントを説明しています。文書サンプルを見ながら確認してください。
サンプル	文書全体のサンプルです。これでイメージをつかんでください。第1章で学んだ基本ルール10の該当箇所には、参照先も書いてあります。
練習	会話や情報を基に、社内文書を作成します。基本的に、練習1は文書の一部分、練習2では文書全体を作成します。解答用紙は、スリーエーネットワークのウェブサイトからダウンロードできるものもあります。実際にパソコンで入力して、文書を完成させてみましょう。

③ コラム（1、2）

　　第2章にはコラムが2つあります。

コラム1	社内文書をメールで送る際の注意点と、送信文例を紹介しています。
コラム2	基本ルール10に基づく25のチェックポイントリストです。文書作成後にこのリストを活用すると、ミスが見つけやすくなります。

(4) 語彙リスト

　　原則として、「日本語能力試験」N2以上相当だと著者が判断した語彙に対訳（英語・中国語・ベトナム語）を付けました（全309語）。語彙は50音順になっており、最初に出てきたページが書いてあります。

2. 別冊

解答・解答例

　　自分で文書を作成する練習問題には解答例が載せてあり、答えは1つだけではありません。自分が書いたものと比べ、異なる表現があれば、どちらも使えるようにしてください。

■ 表記

　基本的に、説明や練習問題にはルビが付いています。ただし、実際のビジネス文書にはルビはないため、文書例にはルビが付けてありません。読めない漢字があれば、まず読み方や言葉の意味を推測し、それから、自分で調べて覚えるようにしましょう。

■ 補助教材

　本書に掲載されている練習問題の「解答用紙」の一部、および「教師用指導のポイント」が以下のウェブサイトにあります。ダウンロードしてお使いください。

https://www.3anet.co.jp/np/books/4026/

How to Use this Book

■ **Overall Structure**   This book consists of the Main Text and the Supplement.

1. Main Text

The Main Text is divided up into Purposes of Business Writing and Internal Documents, Chapter 1: 10 Basic Rules, Chapter 2: Writing Internal Documents, and Vocabulary List.

（1） **Purposes of Business Writing and Internal Documents**

This section explains what business writing is. As a first step, check what the purposes, types and characteristics of business writing are.

（2） **Chapter 1: 10 Basic Rules**

This section sets out ten basic rules for avoiding common mistakes when writing internal documents. The section is divided up into three goals. You can either start from rule 1, or from whichever goal or rule you want to study.

Goal	Basic Rule
Use Expressions Suitable for Business Writing	1-4
Write Concise and Clear Sentences	5-7
Strive to Convey Information Efficiently	8-10

Each of the basic rules consists of Warm Up, Study Point, and Practice sections.

Warm Up	An internal document with incorrect expressions and points requiring improvement is presented in this section. Before looking at the Study Points on the following pages, first, think about how to correct this document.
Study Point	This section explains in detail the key points for answering the Warm Up questions. Take the time to really understand them, while also looking at the examples and tables, etc.
Practice	In principle, Practice 1 involves basic practice and Practices 2-3 involve advanced practice. The relevant Study Points are written next to the practice heading. (E.g. ➡ 1- ①② means Rule 1, Study Points 1 and 2.) The sentences marked 応用 involve slightly difficult problems. Use the ●下書きメモ section, which tells you which points to check and provides writing hints, to help you. You can download some of the answer sheets from the 3A Corporation website, so you might want to type up your answers on a computer.

Chapter 2: Writing Internal Documents

Chapter 2 consists of the Internal Document Format: Font, Font Size, Alignment, Internal Document (1. Daily Report, 2. Training Report, 3. Meeting Minutes, 4. Circular Requesting Approval from Several People, 5. Proposal), and Column (1 & 2) sections.

① **Internal Document Format: Font, Font Size, Alignment**

This section explains layout, font size, and other points to pay attention to when writing an internal document.

② **Internal Document (1-5)**

Each Internal Document section consists of the Writing Process, Example Document, and Practice sections.

Writing Process	This section explains what content to include and the key points for each part of the writing process. Check the key points as you read the Example Document.
Example Document	This is an example of a complete document. Use this to get an overall picture of the document. The Example Document also includes references to the relevant sections of the 10 Basic Rules you studied in Chapter 1.
Practice	In this section, you will write an internal document based on conversations and written information. In principle, Practice 1 involves writing part of a document and Practice 2 involves writing a full document. You can download some of the answer sheets from the 3A Corporation website, so try typing up your answers on a computer.

③ **Column (1 & 2)**

There are two columns in Chapter 2.

Column 1	This column presents points to pay attention to and example sentences for sending an internal document by email.
Column 2	This is a list of 25 Check Points based on the 10 Basic Rules. Using this list when writing a document will help you easily spot potential mistakes.

(4) **Vocabulary List**

In principle, the list consists of vocabulary that the author has determined to be equivalent to Japanese-Language Proficiency Test N2 level and above, along with their corresponding translation (English, Chinese, Vietnamese; 309 entries in total). The vocabulary is in the order of the Japanese syllabary, and the page that appears first is written.

2. Supplement

Answers and Example Answers

For the practice problems where you write a document yourself, these are just example answers and more than one answer is possible. Compare the example answers to what you have written. If an example answer uses a different expression to the one you used, learn to be able to use both.

■ Notation

In principle, the explanations and practice problems include kana readings. However, actual business writing will not have kana readings, so the example documents do not include them. If you find any kanji you cannot read, first try to guess the reading and meaning, then look up and try to remember them.

■ Additional Materials

Some of the answer sheets for the practice problems in this book and the Key Points for Instructors are available on the following webpage. Feel free to download and use them.

https://www.3anet.co.jp/np/books/4026/

本书的使用方法

■ **整体构成** 本书分为"本册"与"别册"。

1．本册

本册分为："商务文书的目的和公司内部文书"，"第1章 10项基本规则"，"第2章 撰写公司内部文书"，"词汇表。"

⑴ 商务文书的目的和公司内部文书

说明什么是商务文书。首先，请来确认一下商务文书的目的、种类和特征。

⑵ 第1章 10项基本规则

在这里把撰写公司内部文书时，容易写错的地方，归纳成了10项基本规则。10项基本规则分为3个目标。不仅可以按顺序从规则1开始学习，也可以先从想学习的目标和规则开始。

目标	基本规则
使用与商务文书相符的表达	1～4
句子要写得简单明了	5～7
在如何有效传递信息上下功夫	8～10

各项基本规则，由"热身"、"注意重点"和"练习"构成。

热身	载有作为错例的有语言表达错误以及需要修改的公司内部文书。在看下一页的注意重点之前，请先来思考一下应该如何加以修改。
注意重点	就重点，也就是热身中提问的答案加以详细的说明。让我们看着例文、图表等来理解解说内容。
练习	基本上讲，练习1是基本练习，练习2-3是扩充练习。在问题句子中标有注意重点的编号。（例：➡ 1-①②＝"规则1·注意重点1和2"） 应用 是较难些的问题。●下書きメモ中，写有必须加以确认的重点和撰写文书的启示等，可充分加以运用。 部分解答用纸可以从3A Network网页上下载。也可以试着直接输入电脑。

⑶ **第2章　撰写公司内部文书**

第2章由"公司内部文书的格式—字体、文字大小、配置—"、"公司内部文书（1. 日报　2. 研修报告书　3. 议事录　4. 书面请示　5. 提案书）"及"专栏（1，2）"构成。

① **公司内部文书的格式—字体、文字大小、配置—**

就在实际撰写公司内部文书时，必须注意的版面设计要点以及文字大小等进行解说。

② **公司内部文书（1～5）**

各公司内部文书，由"制作流程"、"范本"和"练习"构成。

制作流程	按照撰写时的流程，就必须写进项目的内容以及要点加以说明。请看着文书范本加以确认。
范本	这是文书整体的范本，以此来获得印象。在第1章学习的10项基本规则的该当地方，也标有参照处的规则号码。
练习	以会话和信息的内容为基础来撰写公司内部文书。基本上，练习1是写文书的一部分，而练习2是写文书的全部。部分解答用纸可以从3A Network网页上下载。也可以试着直接在电脑上来完成文书的制作。

③ **专栏（1、2）**

第2章有两个专栏。

专栏1	介绍有用电子邮件发送公司内部文书时的留意点和邮件的文例。
专栏2	这是基于10项基本规则的25个核对重点列表。文书完成后，利用这份列表可以很容易地找出文书中的错误。

⑷ **词汇表**

原则上，凡作者判断为相当于"日语能力考试"N2及N2以上的词汇（共309个）都附有对译（英语、中国语、越南语）。词汇按50音图顺序排列，所标为该词汇第一次出现时的页码。

2．别册

解答、解答例

自己撰写文书的练习问题，载有解答例，解答并非只有一个。把它和自己写成的文书加以对比，如果有不同的表现，都要记住并可以任意使用。

■ 表记规则

说明和练习问题，基本上都附有注音假名。不过，由于实际的商务文书并没有注音假名，所以文书范本并没有标明注音假名。如有不会念的汉字，可先推测一下念法和语义，然后自己再查找确认并记下来。

■ 辅助教材

以下网页载有本书所刊载的练习问题的"解答用纸"的一部分及"教员用指导要点"，可下载使用。

https://www.3anet.co.jp/np/books/4026/

Cách sử dụng sách này

■ Cấu trúc tổng thể　Sách gồm hai phần: "Sách chính" và "Phụ lục".

1. Sách chính

Sách chính được chia thành các phần: "Mục đích của văn bản thương mại và văn bản nội bộ công ty", "Chương I: 10 quy tắc cơ bản", "Chương II: Soạn thảo văn bản nội bộ công ty", "Bảng từ vựng".

⑴ **Mục đích của văn bản thương mại và văn bản nội bộ công ty**

Phần này giải thích văn bản thương mại là gì. Trước hết, bạn hãy đọc để nắm mục đích, phân loại, đặc trưng của văn bản thương mại.

⑵ **Chương I: 10 quy tắc cơ bản**

Những điểm dễ nhầm lẫn khi viết văn bản nội bộ công ty được tổng hợp vào 10 quy tắc cơ bản. 10 quy tắc này lại được chia thành 3 mục tiêu. Không chỉ học theo thứ tự từ quy tắc 1 đến hết, bạn còn có thể bắt đầu từ bất kỳ mục tiêu hoặc quy tắc nào mình muốn.

Mục tiêu	Quy tắc cơ bản
Sử dụng mẫu câu phù hợp với văn bản thương mại	1-4
Viết câu ngắn gọn, dễ hiểu	5-7
Nghĩ cách truyền đạt thông tin hiệu quả	8-10

Mỗi quy tắc gồm các mục: "Khởi động", "Điểm lưu ý", "Luyện tập".

Khởi động	Mục này in các văn bản nội bộ công ty có chứa mẫu câu sai hoặc điểm cần cải thiện. Trước khi xem điểm lưu ý ở trang kế, bạn hãy suy nghĩ thử xem nên sửa lại thế nào cho đúng.
Điểm lưu ý	Mục này giải thích chi tiết những điểm có thể trả lời cho câu hỏi trong phần Khởi động. Hãy đọc kết hợp với xem ví dụ và bảng biểu v.v. để nắm vững những điểm đó.
Luyện tập	Về nguyên tắc, bài luyện tập 1 là luyện tập cơ bản, bài luyện tập 2-3 là luyện tập mở rộng. Trong đề bài có ghi số thứ tự của điểm lưu ý. (Ví dụ: ➡ 1-①② = "Quy tắc 1, Điểm lưu ý 1 và 2") 応用 là những đề bài tương đối khó. Ở phần ●下書きメモ có ghi những điểm cần kiểm tra lại hoặc gợi ý khi soạn thảo văn bản, mong bạn tận dụng được chúng. Có thể tải một số giấy trả lời từ trang web của 3A Network. Thử làm bài trực tiếp trên máy vi tính cũng là một cách học hay.

⑶ **Chương II: Soạn thảo văn bản nội bộ công ty**

Chương II gồm "Hình thức văn bản nội bộ công ty: kiểu chữ / cỡ chữ / vị trí", "Văn bản nội bộ công ty (1. Báo cáo ngày, 2. Báo cáo sau tập huấn, 3. Biên bản cuộc họp, 4. Văn bản luân chuyển nội bộ, 5. Bản đề xuất)", "Cột ghi chú (1, 2)".

① **Hình thức văn bản nội bộ công ty: kiểu chữ / cỡ chữ / vị trí**

Giải thích những điểm cần lưu ý về bố cục và cỡ chữ v.v. khi soạn thảo dạng văn bản này trên thực tế.

② **Văn bản nội bộ công ty (1 - 5)**

Mỗi loại văn bản được trình bày qua các phần: "Trình tự soạn thảo", "Văn bản mẫu", "Luyện tập".

Trình tự soạn thảo	Giải thích nội dung và điểm lưu ý của các mục cần ghi, dựa theo trình tự soạn thảo. Bạn hãy học kết hợp với phần Văn bản mẫu.
Văn bản mẫu	Là văn bản đầy đủ được chọn làm mẫu. Bạn hãy dựa vào đây để hình dung. Những chỗ tương ứng với 10 quy tắc cơ bản đã học ở chương I có ghi số quy tắc để tham khảo.
Luyện tập	Người học sẽ soạn văn bản dựa trên cuộc hội thoại hoặc thông tin. Về cơ bản, ở Luyện tập 1 bạn sẽ soạn một phần văn bản và ở Luyện tập 2 là soạn toàn bộ văn bản. Có thể tải một số giấy trả lời từ trang web của 3A Network. Hãy thử thực hành hoàn thành văn bản bằng máy vi tính nhé.

③ **Cột ghi chú (1, 2)**

Trong chương II có hai cột ghi chú.

Cột ghi chú 1	Giới thiệu những điểm cần lưu ý và câu ví dụ khi gửi văn bản nội bộ công ty bằng email.
Cột ghi chú 2	Là danh sách 25 điểm cần kiểm tra dựa trên 10 quy tắc cơ bản. Sau khi soạn văn bản, nếu tận dụng được danh sách này thì sẽ dễ tìm ra chỗ sai sót.

⑷ **Bảng từ vựng**

Trên nguyên tắc, chúng tôi đính kèm bản dịch nghĩa tương ứng (tiếng Anh, tiếng Trung, tiếng Việt) vào những từ vựng mà tác giả cho rằng thuộc trình độ N2 "Kỳ thi năng lực Nhật ngữ" trở lên (tổng cộng 309 từ). Các từ vựng được xếp theo thứ tự chữ cái tiếng Nhật và có ghi kèm số trang xuất hiện lần đầu.

2. Phụ lục

Đáp án và đáp án mẫu

Bài tập tự soạn thảo văn bản có in đáp án mẫu và có thể có nhiều hơn một câu trả lời. Bạn hãy so sánh nó với bài làm của mình, nếu khác biệt về cách diễn đạt thì hãy làm sao cho có thể dùng được cả hai bên.

■ Ký tự

Về cơ bản, những phần giải thích và đề bài luyện tập có in phiên âm. Tuy nhiên, vì văn bản thương mại trên thực tế không được phiên âm nên các văn bản mẫu cũng không có phần phiên âm. Nếu có Hán tự nào chưa biết, trước hết hãy thử đoán âm đọc và nghĩa, sau đó tự mình tra cứu và ghi nhớ.

■ Tài liệu bổ trợ

Một phần "Giấy trả lời" của phần luyện tập được in trong sách này và "Những điểm lưu ý dành cho giáo viên hướng dẫn" có trên trang web được ghi phía dưới. Xin mời tải về để sử dụng.

https://www.3anet.co.jp/np/books/4026/

ビジネス文書の目的と社内文書

Purposes of Business Writing and Internal Documents

商务文书的目的和公司内部文书

Mục đích của văn bản thương mại và văn bản nội bộ công ty

ビジネス文書の目的と社内文書

Purposes of Business Writing and Internal Documents　商务文书的目的和公司内部文书
Mục đích của văn bản thương mại và văn bản nội bộ công ty

ビジネス文書の目的

Purposes of Business Writing　商务文书的目的　Mục đích của văn bản thương mại

　ビジネス文書は、複数の人に情報を確実に伝え、記録として保存するための文書です。会社の正式な文書であるため、適切な言葉を使い、決められたルールにしたがって作成します。

社内文書とは

Internal Documents　所谓的公司内部文书　Văn bản nội bộ công ty là gì?

　ビジネス文書には、社内向けに書く「社内文書」と、社外向けの「社外文書」があり、特徴が異なります。社内文書は、「誰がその文書を読むか」、「知りたいことは何か」を具体的に想像しながら作成しましょう。

〈各ビジネス文書の特徴と種類〉

	社内文書	社外文書
特徴	・簡潔さや分かりやすさを重視する。 ・「です・ます」以外の敬語はできるだけ少なくする。	・形式や丁寧さを重視する。 ・敬語を多く使う。
種類	日報、研修報告書、議事録、稟議書、提案書など	挨拶状、招待状、お礼状など

　※　本書では表内の5つの社内文書について、第2章で詳しく学びます。

....

ビジネス文書　business writing　商务文书　văn bản thương mại	複数　multiple　复数　số nhiều
ルール　rule　规则　quy tắc	作成する　to draw up, to write　作成　soạn thảo
具体的　concrete　具体的　cụ thể	簡潔さ　conciseness　简洁　tính ngắn gọn, súc tích
日報　Daily Report　日报　báo cáo ngày	研修報告書　Training Report　研修报告书　báo cáo sau tập huấn
議事録　Meeting Minutes　议事录　biên bản cuộc họp	稟議書　Circular Requesting Approval from Several People 书面请示　văn bản luân chuyển nội bộ
提案書　Proposal　提案书　bản đề xuất	

〈読む人が知りたいこととは？〉

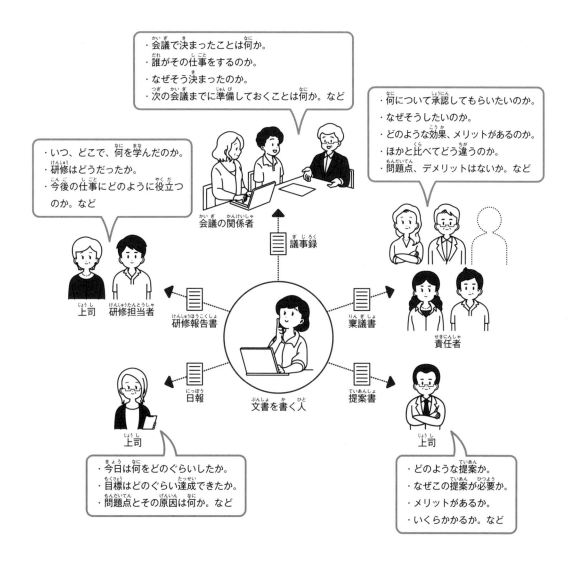

・会議で決まったことは何か。
・誰がその仕事をするのか。
・なぜそう決まったのか。
・次の会議までに準備しておくことは何か。など

・何について承認してもらいたいのか。
・なぜそうしたいのか。
・どのような効果、メリットがあるのか。
・ほかと比べてどう違うのか。
・問題点、デメリットはないか。など

・いつ、どこで、何を学んだのか。
・研修はどうだったか。
・今後の仕事にどのように役立つのか。など

会議の関係者

議事録

上司　研修担当者

研修報告書

稟議書

責任者

日報

文書を書く人

提案書

上司

上司

・今日は何をどのぐらいしたか。
・目標はどのぐらい達成できたか。
・問題点とその原因は何か。など

・どのような提案か。
・なぜこの提案が必要か。
・メリットがあるか。
・いくらかかるか。など

メリット　merit　优点　điểm có lợi
上司　superior　上级　cấp trên
達成する　to achieve　达成　đạt được

デメリット　demerit　缺点　điểm bất lợi
担当　being in charge of　担任、负责　sự đảm nhiệm, sự phụ trách

第1章
だい　　　　　しょう

基本ルール10
き ほん

10 Basic Rules

10項基本规则

10 quy tắc cơ bản

ルール 1 文体と表記を統一する

Keep Writing Style and Notation Consistent　统一文体和表记规则
Thống nhất văn phong và ký tự

ウォーミングアップ

次の研修報告書のa〜cには、文体や表記を変えた方が良いところがあります。どのように直しますか。

2021年4月15日

営業部長　木村　憲雄様

営業部　ソウ　ジャスミン

新入社員のためのプロジェクト入門研修受講報告書

このたび標記研修を受講しましたので、ご報告いたします。

1．日時　　２０２１年四月九日　9:30〜17:00　　　　　　　　　　　a
2．場所　　本社ビル4階　会議室A
3．講師　　株式会社マネージメント・ジャパン代表取締役　小口　慶一氏
4．内容　　・プロジェクトの流れ（講義）
　　　　　　・プロジェクト進行（グループで計画を立て発表）

5．所感
　　　　私はこの研修を受けて、二つの事がよく分かりました。
　　　第一に、同じプロジェクトでも様々な考え方があるということです。そして　　b
　　　第2に、グループのメンバーの意見を1つにまとめるためには、ほかの人の意
　　　見をよく聞くことが大切だということです。
　　　　また、講師の小口先生の話を聞いて、新たに考えさせられたことも多かった。　c
　　　今後の仕事をイメージできたことも、大変良かったです。

6．添付資料　セミナー資料1部

以上

文体 writing style　文体　văn phong

新入社員 new employee　新职工　nhân viên mới

入門 introduction　入门　sự nhập môn, mở đầu

標記 information in the heading　标题所记　nội dung của tiêu đề

代表取締役 representative director　董事长　giám đốc đại diện

添付 attachment　附（件）、所附（资料）　sự đính kèm

表記 notation　表记规则　ký tự

プロジェクト project　项目　dự án, kế hoạch

受講 receiving training　听讲　sự tham dự buổi học

株式会社 company limited　股份有限公司　công ty cổ phần

所感 impression　所感　cảm nghĩ của mình

チェック ポイント **1** 「です・ます体」と「だ・である体」

です・ます Form and だ・である Form　"です・ます体"和"だ・である体"
"Thể です・ます" và "thể だ・である"

　日本語の文体には、主に「です・ます体」と「だ・である体」の2種類があります*1。文書を作成する時は、この2つの文体を混ぜないように注意します。また、会社で使う文体が決まっている場合もあります。どちらの文体で書くかは、作成前に確認しましょう。

＊1　「です・ます体」「だ・である体」のほか、ビジネス文書では「体言止め」も使われます。（➡ルール8-②）

例	×	社内文書はできるだけ敬語を少なく<u>します</u>。一方、社外文書は敬語を多く<u>使う</u>。
	○	・社内文書はできるだけ敬語を少なくします。一方、社外文書は敬語を多く使います。 ・社内文書はできるだけ敬語を少なくする。一方、社外文書は敬語を多く使う。

〈各文体の印象と形〉

	です・ます体	だ・である体	
印象	丁寧でやわらかい	簡潔でかたい	
名詞 な形容詞	～です	～だ	～である
	～ではありません	～ではない	
	～でした	～だった	～であった
	～ではありませんでした	～ではなかった	
い形容詞	～です／～くありません／ ～かったです／～くありませんでした	普通形と同じ形	
動詞	～ます／～ません／ ～ました／～ませんでした		
ほかの表現	～でしょう	～だろう	～であろう
	～からです	～からだ	～からである
	～ています／～ております	～ている	

....

確認する　to confirm　确认　xác nhận, kiểm tra

チェック
ポイント 2　表記をそろえるための5つのポイント

5 Points for Consistent Notation　統一表記規則的5个要点　5 điểm chính để ký tự được thống nhất

文体だけではなく、数字やカタカナ語などの表記をそろえることにも気を付けましょう。

〈表記をそろえるための5つのポイント〉

ポイント	例
算用数字（1、2、3……）と 漢数字（一、二、三……）＊1	× 第一に……第2に…… → ○ 第一に……第二に…… ○ 第1に……第2に…… × 9時半から10:00 → ○ 9時半から10時 ○ 9時30分から10時 ○ 9:30から10:00
全角と半角＊2、3	× 2021年2月5日（「2021」と「2」が半角、「5」が全角） → ○ 2021年2月5日（全て半角） ○ ２０２１年２月５日（全て全角） × 案aおよびb（「a」が全角、「b」が半角） → ○ 案aおよびb（どちらも半角） ○ 案ａおよびｂ（どちらも全角）
外来語	・Web／WEB／ウェブ　　・HP／ホームページ ・PC／パソコン／コンピュータ（ー）
カタカナ語の最後の長い音「ー」	・コンピュータ／コンピューター　　・フォルダ／フォルダー
送り仮名	・売り上げ／売上げ／売上　・見積もり／見積り／見積 ・打ち合わせ／打合わせ／打合せ

＊1　漢数字しか使わない場合もあります。横書きでは、数や量を算用数字で書くのが一般的です。
　　　例）一石二鳥（× 1石2鳥）、一生懸命（× 1生懸命）、時速80キロ（△ 時速八十キロ）
＊2　数字の桁が多い場合は、半角の方がよく使われます。
　　　例）¥250,000（△ ￥２５０，０００）、No.35-6167（△ No.３５－６１６７）
＊3　アルファベットの文字数が多い場合は、一般的に半角で書きます。
　　　例）HP: https://www.3anet.co.jp/（× ＨＰ：ｈｔｔｐｓ：／／ｗｗｗ．３ａｎｅｔ．ｃｏ．ｊｐ／）

※　表記のルールは会社や組織で決まっている場合があります。書く前に確認しましょう。

算用数字　Arabic numeral　阿拉伯数字　số Ả Rập

漢数字　kanji numeral　汉字数字　số viết bằng Hán tự

全角　full width　全角　cỡ đầy đủ

半角　half width　半角　cỡ nửa

外来語　loanword　外来语　từ ngoại lai

フォルダ（ー）　folder　文件夹　thư mục

送り仮名　hiragana suffixes for kanji　送假名（跟随在汉字后面的平假名）　đuôi kana của Hán tự

見積もり　estimate　估价单　bảng báo giá

桁　digit　位数　chữ số

練習1 次の文の下線部分を「だ・である体」に書き換えましょう。➡1-①

1) 本研修で、実際に電話応対や接客について練習できたことが<u>良かったです</u>。私は、
（　　　　　　　　　）
ビジネスマナーの知識が十分ではないことを<u>痛感しました</u>。特に敬語の間違いが
（　　　　　）
<u>多かったからです</u>。この研修で学んだことを、今後、仕事に生かしていきたいと
（　　　　　　）
<u>思いました</u>。
（　　　　　　）

2) A社との取引は今年5年目に<u>なりますが</u>、半年前に担当者が代わってから連絡が
（　　　　　　）
ほぼなくなり、現状、A社との関係はあまり<u>良くありません</u>。A社は今後、値上げの
（　　　　　　　）
予定もあるため、この機会に、A社に代わりB社と新たな契約をしたいと

<u>考えております</u>。
（　　　　　）

3) 応用 テレワークにより、上司とコミュニケーションが取りにくくなったと感じてい

る人は<u>多いのではないでしょうか</u>。テレワークでも十分なコミュニケーションが取れ
（　　　　　　　）
るように、対策を考える必要が<u>あるでしょう</u>。
（　　　　　　　）

....

応対	receiving 応对 sự tiếp nhận		接客	serving customers 接客 sự tiếp khách
マナー	etiquette 礼节、规矩 cách cư xử		痛感する	to be acutely aware 痛感 thấm thía
生かす	to make use of 有效地利用 vận dụng		取引	transaction 交易 sự giao dịch
値上げ	price increase 涨价 sự tăng giá		テレワーク	remote work 远程办公 phương thức làm việc từ xa
対策	measures 对策 phương sách, biện pháp			

練習2 以下は、議事録のためのメモです。文体や表記をそろえて議事録を完成させましょう。文体は「だ・である体」で書いてください。➡1-①②

~議事録メモ~　20XX.3.1（月）　　　　　　　　　　　　1

✓議題　オフィスの整理

✓日時　20XX年三月一日（月）　11時~12時半

✓場所　会議室205

✓出席者　総務部：中村部長、山田リーダー、林、オーウェン　　　5

✓現在の問題点
　①机の上に物があふれている／②箱の中に入ったままの書類が2箱あります。
　③パソコン内のどこに何のフォルダがあるかが分かりにくいです／④ファイル名や
　フォルダー名についてのルールがなく、PCで検索しにくい

✓改善案　　　　　　　　　　　　　　　　　　　　　　　　　　　　　　10
　①机の上に置く物と、引き出しにしまう物を決める／②書類は全てファイルに入れ、
　棚に置きます／③PC内で3年以上使用していないファイルは、フォルダにまとめ
　る／④ファイル名、フォルダー名の最初の文字は半角の数字にして番号を付けます

✓決定事項
　改善案の担当者：①山田リーダー、②③林、④オーウェン　　　　　　15
　各担当者は、次回打ち合わせで結果について報告します。

✓次回打合せ：3月9日（火）11:30　（場所は後日連絡）

●下書きメモ
・「~が2箱あります」「報告します」などをどのように変えますか。
・数字は、「1, 2……」と「一、二……」のどちらかの表記にそろえていますか。
・数字やアルファベットは、全角と半角の使い方をそろえていますか。
・「9時」と「9:00」のように、時間の表記が2種類ありませんか。
・同じ言葉で異なる表記がありませんか。

....

議題　agenda　议题　chủ đề cuộc họp

リーダー　leader　领导、领袖　người lãnh đạo

検索する　to search for　检索　tìm kiếm

後日　later date　日后　sau (về thời gian)

総務　general affairs　总务　tổng vụ

ファイル　electronic file, paper file　文件、文件夹　tập tin, hồ sơ

決定事項　decision　决定事项　những việc được quyết định

議事録	作成日　20XX年3月1日（月）
	作成者　オーウェン　レナ

1．議題　オフィスの整理

2．日時　20XX年（a.　　　　　　　　　　　　）

3．場所　（b.　　　　　　　　　　）

4．出席者　総務部：中村部長、山田リーダー、林、オーウェン

5．内容

　（1）現在の問題点

　　①　机の上に物があふれている。

　　②　箱の中に入ったままの書類が（c.　　　　　　　　　　　　　　）。

　　③　パソコン内の（d.　　　　　　　　　　　　　　　　　）。

　　④　ファイル名や（e.　　　　　　　　　　　　　　）検索しにくい。

　（2）改善案

　　①　机の上に置く物と、引き出しにしまう物を決める。

　　②　書類は全てファイルに入れ、（f.　　　　　　　　　　　　　　）。

　　③　（g.　　　　　　　　　　　　）以上使用していないファイルは、

　　　　（h.　　　　　　　　　）にまとめる。

　　④　ファイル名、（i.　　　　　　　　　）の最初の文字は半角の数字にして

　　　　（j.　　　　　　　　）。

　（3）決定事項

　　　　改善案の担当者：①山田リーダー、②③林、④オーウェン

　　　　各担当者は、次回（k.　　　　　　　　　）で結果について

　　　　（l.　　　　　　　　）。

6．次回（m.　　　　　　）：（n.　　　　　　　　　　）（場所は後日連絡）

以上

12

ルール 2　カタカナ語 ご と記号 きごう に注意 ちゅうい する

Take Care with Katakana Terms and Symbols / Punctuation　注意片假名用语和符号
Lưu ý những từ viết bằng katakana và ký hiệu

ウォーミングアップ

次 つぎ の日報 にっぽう のa〜dには、カタカナ語 ご や記号 きごう を変 か えた方 ほう が良 よ いところがあります。どのように直 なお しますか。

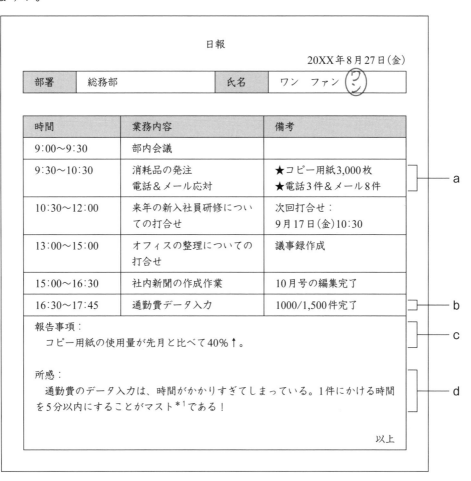

日報

20XX年8月27日（金）

部署	総務部		氏名	ワン　ファン

時間	業務内容	備考	
9:00〜9:30	部内会議		
9:30〜10:30	消耗品の発注 電話＆メール応対	★コピー用紙3,000枚 ★電話3件＆メール8件	a
10:30〜12:00	来年の新入社員研修についての打合せ	次回打合せ： 9月17日（金）10:30	
13:00〜15:00	オフィスの整理についての打合せ	議事録作成	
15:00〜16:30	社内新聞の作成作業	10月号の編集完了	
16:30〜17:45	通勤費データ入力	1000/1,500件完了	b

報告事項：
　コピー用紙の使用量が先月と比べて40%↑。　— c

所感：
　通勤費のデータ入力は、時間がかかりすぎてしまっている。1件にかける時間を5分以内にすることがマスト[1]である！　— d

以上

＊1　マスト（英語 えいご の"must"）

....

部署 ぶしょ 　department　部门　phòng ban
備考 びこう 　supplementary note　备考　ghi chú
発注 はっちゅう 　order　订货、下单　sự đặt hàng
データ　data　数据、信息　dữ liệu

業務 ぎょうむ 　task　业务　phần việc, công việc
消耗品 しょうもうひん 　consumable item　消耗品　vật tư tiêu hao
〜件 けん 　〜case(s)　个、件（量词）　việc, vấn đề
入力 にゅうりょく 　input　输入　sự nhập liệu

カタカナ語を使いすぎない

Avoid Excessive Use of Katakana Terms　不要过多使用片假名用语　Không lạm dụng từ viết bằng katakana

　カタカナ語は意味がはっきりしないものや、文の内容で意味が変わるものなどがあります。カタカナ語の使いすぎに気を付け、正しく言い換えられるようにしましょう。

例	△	歓迎会の出欠についてメールをしたが、5名からまだレスポンス "response" がないので、リマインド "remind" をした。
	○	歓迎会の出欠についてメールをしたが、5名からまだ返信／回答がないので、再確認をした。

〈カタカナ語と言い換えの例〉

カタカナ語の例	言い換え
【コストパフォーマンス "cost-performance"】の良さ	費用対効果
【サステイナビリティ "sustainability"】への取り組み	持続可能性
【プライオリティ "priority"】が高い	優先順位
情報を【シェア "share"】する	共有
【ペンディング "pending"】事項	保留／先送り
【ポジティブ "positive"】な考え	肯定的／前向き
【クライアント "client"】情報の管理	お客様／顧客

※　上の表のほかにも、「アジェンダ」「エビデンス」「コミットメント」「コンセンサス」「コーポレートガバナンス」「コンプライアンス」などのカタカナ語があります。ビジネスでよく使われるカタカナ語の言い換えについて、調べてみましょう。

言い換える　to rephrase　换句话说　thay đổi cách dùng từ
返信　reply　回信　sự hồi đáp
取り組み　working on　解決（問題）biện pháp, cách xử lý
前向き　positive　向前看、积极　hướng về trước, tích cực

出欠　attendance or absence　出席与缺勤　sự có mặt và vắng mặt
回答　response　回答　câu trả lời
優先　priority　优先　sự ưu tiên
顧客　customer　顾客　khách hàng

チェックポイント **2**　ビジネス文書に使われる主な記号

Most Commonly Used Symbols / Punctuation in Business Writing　用于商务文书的主要符号
Những ký hiệu chính được dùng trong văn bản thương mại

ルール **2**

　ビジネス文書で使われる記号は限られています。基本的に、ビジネス文書では「！」「？」「＆」「＋」「→」「♪」「★」や顔文字「(^^)/」などは使用しません。

〈ビジネス文書に使われる主な記号〉

記号	ビジネス文書での使い方	例
。 句点	・基本的に文の終わりには「。」を打つ。 ・文の終わりに丸括弧（　）があるとき、「。」は（　）の外に付けた方が良い。	・社内の喫煙所を廃止する（ただし4階を除く）。
、 読点	・意味のまとまりで「、」を打つ。 ・名詞や形容詞を並べる時にも使う。 ・1文中に読点が多すぎたり、少なすぎたりしないようにする。（読点➡7-②）	・コピー機が古くなり、新規購入した。 ・見積もり依頼（A社、B社）
, カンマ	・読点「、」と同じように、意味のまとまりごとに「,」を打つ。 ・数字は3桁ごとに半角の「,」を打つ（西暦の場合を除く）。	・予算は年間2,400万円です。 ・2020年（× 2,020年）
（ ） 丸括弧 「 」 かぎ括弧 『 』 二重かぎ括弧	・（　）は前に書かれた内容を補足する時に使う。 ・「　」は引用、強調したい時に使う。 ・『　』は映画や本などのタイトル、「　」の中で更に「　」を使いたい時に使う。 ・「　」『　』の代わりに‘ ’や“ ”は使わない。	・価格：24,800円（税込） ・日報を「15分以内で書く」ことが目標です。 ・「研修資料の『ビジネスマナーの基本』を読んでおいてください」と言われた。

打つ　to place　打上　đặt

廃止する　to remove　废止　hủy bỏ

購入する　to purchase　购买　mua hàng

補足する　to supplement　补充　bổ sung

税込　price after adding tax　含税　bao gồm thuế

喫煙所　smoking area　吸烟场所　nơi được hút thuốc

新規　new, newly　新　mới, lần đầu

西暦　Western calendar　公历　Tây lịch

引用　quotation　引用　sự trích dẫn, câu trích dẫn

： コロン	・項目や見出しと、その内容や説明の間に使う。 ・時間を表す場合は半角を使う。	・改善案：書類はファイルに入れる ・会議は15：00から開始します。
／ スラッシュ	・「AかB」とどちらか1つを示す時に全角を使う。 ・分数を表す時に半角を使う。 ・「10人中3人」「1時間に￥1,000」などを表す時に半角を使う。	・「ユーザ／ユーザー」のどちらかに表記をそろえて書く。 ・3/4（4分の3） ・10/50件（50件中10件） ・3,500円／月 （1か月に3,500円）
＊ アステリスク ※ 米印 ～ 波ダッシュ — ダッシュ - ハイフン	・「＊」「※」は主に用語の解説、注意、補足などをする時に使う。 ・「～」と「—」はどちらも「AからB」という範囲を表す時に使う。 ・電話番号や郵便番号（〒）は「-」を使った方が良い。	・会議：3月2日（火）9時～ 　　　※場所は後日連絡 ・9：00～9：30部内会議 ・京都—大阪間 ・電話番号03-1234-5678 ・〒102-0083

....

項目　item　項目　khoản, món, mục　　　　　　　　見出し　heading　小标题　đề mục

練習1 下の四角の中から下線部分のカタカナ語と同じ意味の言葉を選びましょう。→2-①

1) 社内で<u>クライアント</u>の情報を<u>シェア</u>している。

  （   ）（   ）

2) この業務は、<u>プライオリティ</u>が低いので、急いで終わらせる必要はない。

    （   ）

3) その商品は、<u>コストパフォーマンス</u>が高くて人気がある。

    （   ）

4) この話については、<u>ポジティブ</u>に検討したい。

    （   ）

5) A社と契約を結ぶことは、<u>ペンディング</u>になった。

    （   ）

6) <u>サステイナビリティ</u>を考慮して、商品開発をしている。

    （   ）

---

① 保留　②持続可能性　③共有　④費用対効果　⑤前向き
⑥優先順位　⑦顧客

考慮する　to consider　考慮　nghĩ đến, tính đến　　　　開発　development　开发、开辟　sự phát triển, sự khai thác

[主な業務]
① 電話営業数は25件 → 1日当たり5件
② クライアント訪問は6件
③ ベトナム企業向け資料はベトナム語翻訳文を確認
　★担当者に2点の訂正を依頼
④ 国際介護用品見本市のための資料作成

[所感]
　今週A社に伺い、契約内容について説明する予定でしたが、ペンディングになってしまいました。原因は、A社からのメールを1週間も見落としてレスポンスが遅くなり、信用を失ってしまったからです（(+_+)）。
　今後このようなミスを起こさないように、メールの確認をより慎重に行わなければならないと思っております！

●下書きメモ

・カタカナ語はどのように言い換えることができますか。
・ビジネス文書にふさわしくない記号などはありませんか。
・記号を使うと、より簡潔で分かりやすくなるところはありませんか。

●解答用紙

[主な業務]
① 電話営業数（a.　　　　　　　　　　　）
② （b.　　　　　　　　　　　　　　　　）
③ ベトナム企業向け資料（c.　　　　　　　）
　（d.　　　　　　　　　　　　　　　　）
④ （e.　　　　　　　　　　　）の資料作成

[所感]
　今週A社に伺い、契約内容について説明する予定でしたが、（f.　　　　　）になってしまいました。原因は、A社からのメールを1週間も見落として
（g.　　　　　）が遅くなり、信用を（h.　　　　　　　　　　　　　）
　今後このようなミスを起こさないように、メールの確認をより慎重に
（i.　　　　　　　　　　　　　　　　　　　）

訂正　correction　订正、更正　sự sửa chữa, chỗ sửa
介護　nursing care　护理　sự chăm sóc
用品　item　用品　vật dụng
見本市　trade fair　（看样订货）展销会　hội chợ thương mại
見落とす　to overlook　看漏、忽略　bỏ sót

18

ルール **3**

「<ruby>話<rt>はな</rt></ruby>し<ruby>言葉<rt>こと ば</rt></ruby>」と「<ruby>書<rt>か</rt></ruby>き<ruby>言葉<rt>こと ば</rt></ruby>」

Spoken Language and Written Language　"口语"和"书面语"
"Văn nói" và "văn viết"

ウォーミングアップ

<ruby>次<rt>つぎ</rt></ruby>の<ruby>稟議書<rt>りんぎ しょ</rt></ruby>のa～dには、ビジネス<ruby>文書<rt>ぶんしょ</rt></ruby>にあまりふさわしくない<ruby>表現<rt>ひょうげん</rt></ruby>があります。どのように<ruby>直<rt>なお</rt></ruby>しますか。

20XX年5月28日

本部長	経理部	総務部	営業部

所　属：営業部第2課
申請者：バネッサ　リー　㊞

<u>デジカメの購入について</u> ←——— a

下記につきまして、ご検討をお願い申し上げます。

記

1. 品名　　α700-SR（ソレミール社製）
2. 価格　　48,000円/台（税込）
3. 購入台数　　2台
4. 購入理由
   ・今使ってるデジカメが古くなって、データを読み込む時に、問題があるため。┐—— b
   ・スマホとつなげることができ、データ処理がもっと効率的になるため。┐—— c
5. 選んだ理由
   他社製品と比べると、一番安くて、コスパが高い。┐—— d
6. 購入先　　株式会社ジャパン・コム
7. 添付資料
   ・ソレミール社α700-SRカタログ　1通
   ・他社製品カタログ　2通
   ・見積書　3社分

以上

<ruby>経理<rt>けい り</rt></ruby>　accounting　会计　kế toán

デジカメ　digital camera　数码相机　máy ảnh kỹ thuật số

～<ruby>につきまして<rt></rt></ruby>　regarding～　关于～　liên quan đến ~, về việc ~

<ruby>効率的<rt>こうりつてき</rt></ruby>　efficient　高效率的　có tính hiệu quả

カタログ　catalog　目录　ca-ta-lô

<ruby>所属<rt>しょぞく</rt></ruby>　affiliation　所属　sự trực thuộc

<ruby>下記<rt>か き</rt></ruby>　following　下列、下述　được ghi bên dưới

<ruby>品名<rt>ひんめい</rt></ruby>　product name　品名　tên hàng

<ruby>購入先<rt>こうにゅうさき</rt></ruby>　place of purchase　商品购入的店铺
người bán, nhà cung cấp

チェックポイント1 「話し言葉」を「書き言葉」にする

Turn Spoken Language into Written Language　把"口语"改为"书面语"　Biến "văn nói" thành "văn viết"

ビジネス文書では、会話で使う「話し言葉」をビジネス向けの「書き言葉」にしましょう。

例	話し言葉	今日の研修には、100人ぐらいが参加していたみたいだ。
	書き言葉	本日の研修には、100人ほどが参加していたようだ。

〈「話し言葉」と「書き言葉」の主な例〉

話し言葉	書き言葉	話し言葉	書き言葉
今日	本日	～（の）時	～（の）際
今年	本年	みんな	皆／全員
去年	昨年	だんだんと	徐々に／次第に
今	現在	ちょっと [高い]	少々
～さん	～（役職名）*1／～氏 *2	すごく／とっても [難しい]	大変／非常に／極めて
いろんな	様々な／いろいろな *3	また [連絡する]	改めて／再度
絶対（～ます）	必ず	もう [確認した]	既に
絶対（～ない）	決して	もっと [努力する]	より／更に／一層
全然（～ない）	全く	やっぱり	やはり
大体 [理解した]	おおよそ／ほぼ／おおむね	～けど	～が
～くらい	～ほど／～程度／約～	だけど／でも	しかし／だが
たぶん	恐らく	～のに	～にもかかわらず
こんな	このような／こうした	～たら	～ば／～と
こんなに	これほど	～かもしれない	～（の）可能性がある
どうして／何で	なぜ	～みたい／っぽい	～（の）ような／だ
だから／なので	したがって／よって／そのため	～なきゃ／なくちゃ（ならない）	～なければならない
～から／ので	～ため	～ちゃった	～てしまった
～とか～とか	～や～など	～てる	～ている

＊1　社内の人には役職名を使う方が一般的ですが、会社によって人の呼び方は異なります。書く前に確認しましょう。

＊2　「～氏」は社外の人に使います。例）講師：株式会社マネージメント・ジャパン代表取締役　小口慶一氏

＊3　「いろいろな」よりも、「様々な」の方がよりビジネス文書らしい表現です。

話し言葉　spoken language　口语　văn nói　　　書き言葉　written language　书面语　văn viết

役職　position　职务　chức vụ　　　再度　again　再次　một lần nữa

〈文と文をつなぐ時（連用中止）〉

	話し言葉	書き言葉	例
動詞	〜て ※いて ※〜ていて	〜ます*1 ※おり ※〜ており	・明日A社に【伺って→伺い】、担当者と話す予定だ。 ・私は会議室に【いて→おり】、お客様には会えなかった。 ・部長への報告を【忘れていて→忘れており】、問題になった。
	〜なくて ※〜ていなくて ※しなくて	〜ず ※〜ておらず ※せず	・その会社と契約が【結べなくて→結べず】、残念だ。 ・資料の準備が【できていなくて→できておらず】、注意された。 ・A社を訪問する前に連絡を【しなくて→せず】、上司から注意された。
	〜ないで ※しないで	〜ず（に） ※せず（に）	・日報を【出さないで→出さず（に）】、帰ってしまった。 ・時間を確認【しないで→せず（に）】、そのままにしていた。
い形容詞	〜くて	〜く	・これは費用対効果*2が【高くて→高く】、人気がある商品だ。
	〜くなくて	〜くなく	・研修は【難しくなくて→難しくなく】、初心者でも理解できた。
な形容詞 名詞	〜で	〜で（あり）	・使い方は【簡単で→簡単で（あり）】、誰でもすぐに楽しめる。
	〜ではなくて	〜ではなく	・開始時間は、【3時ではなくて→3時ではなく】、4時だ。

ルール **3**

*1 「見る」「来る」「出る」のような短い動詞は、連用中止ではなくほかの表現を使います。
　　例）午前中は会議に【出て→×出／○出席し】、その後、議事録を作成した。
*2 「費用対効果」（➡2-①）

〈話し言葉「いっぱい」「たくさん」の主な書き言葉〉

	例	書き言葉
「数」が多い	研修でたくさんのことを学んだ。	数多く、多く、多数
	研修で学んだことがたくさん／いっぱいあった。	数多く、多数
「量」が多い	工場ではたくさんの水が使われている。	大量、多量、多く
	工場では水がたくさん／いっぱい使われている。	大量に、多量に
「数・量」が十分	健康のため、たくさんの睡眠が必要だ。	十分な
	健康のため、睡眠がたくさん／いっぱい必要だ。	十分に
人の「数・量」が多い	たくさんのお客様がいらっしゃった。	数多く、大勢、多く、多数
	お客様がたくさん／いっぱいいらっしゃった。	数多く、大勢、多数

チェックポイント2　一部を短くした言葉を使わない

Avoid Using Certain Abbreviated Terms　不使用缩短了一部分的略语

Không dùng những từ bị rút ngắn một phần

日常会話では、一部を短くした言葉が多く使われます。しかし、会社の正式な文書であるビジネス文書では、言葉の一部を短くしないように気を付けましょう。

〈一部を短くした言葉と正しい書き方の例〉

短くした言葉	正しい書き方	短くした言葉	正しい書き方
アポ*1	アポイント、アポイントメント	バイト	アルバイト
キャパ	キャパシティ	パワポ	パワーポイント
コスパ*2	コストパフォーマンス	パンフ	パンフレット
コラボ	コラボレーション	プレゼン*3	プレゼンテーション
スマホ	スマートフォン、スマートホン	リスケ*4	リスケジュール
デジカメ	デジタルカメラ	相みつ	相見積もり
ネット	インターネット	取説	取扱説明書

*1〜4　カタカナ語ではないほかの言葉にすることもできます。
　　　例）「アポ＝約束」、「コスパ＝費用対効果」、「プレゼン＝発表」、「リスケ＝予定の組み直し」

※　「パソコン」「エアコン」などのように、一部を短くした言葉が一般的になったものはビジネス文書でも使うことができます。

アルバイト　part-time job　打工　việc làm thêm

パワーポイント　PowerPoint　PPT　PowerPoint

コラボレーション　collaboration　（跨领域的）协作　sự cộng tác

インターネット　internet　互联网　internet

キャパシティ　capacity　容纳人数　sức chứa

パンフレット　pamphlet　小册子　tập sách mỏng

相見積もり　competitive estimate　（在同等条件下由几家公司开出的）估价单　bảng chào giá cạnh tranh

取扱説明書　instruction manual　使用说明书　sách hướng dẫn sử dụng

1) お客様の会社に行った<u>時</u>、<u>やっぱり</u>緊張した。
  (   ) (   )

2) <u>いろんな</u>仕事を任せてもらえるように、<u>もっと</u>努力していきたい。
  (   )   (   )

3) アルバイトを5人を<u>雇ったら</u>、人件費が年間の予算を超えてしまう<u>かもしれない</u>。
          (   )   (   )

4) 会議の出欠について部長から<u>もう</u>回答をもらっていたが、<u>ちょっと</u>時間がたったので、
            (   )   (   )
  <u>また</u>確認した。
  (   )

5) 自信は<u>全然</u>ないが、このプレゼンテーションを<u>絶対</u><u>成功</u>させ<u>なくちゃならない</u>と思っ
  (   )   (   ) (   )
  ている。

6) 応用 人事部長の山田さんに、研修報告書のメールを<u>しないで</u>帰ってしまった。
      (   )   (   )

7) 応用 子ども<u>みたいな</u>話し方しか<u>できなくて</u>、注意された。
        (   ) (   )

8) 応用 A社と契約ができると<u>思ってたけど</u>、実際は<u>すごく</u>難しそうだ。
                (   ) (   )

人件費 personnel expenses 人工費 chi phí nhân công   人事 human resources 人事 nhân sự

練習2 以下は提案書の一部です。「2．現状」の文をビジネス文書らしい表現に直しましょう。→3-①②

1．提案内容　ノートパソコンに大型ディスプレーを接続する

2．現状　　　企画チームでは、プレゼンの資料をパワポで作っていて、みんなが1日7時間ぐらいノートパソコンを使ってます。でも、ノートパソコンは、ディスプレーがちょっと小さくて、作業がしにくいです。チームのメンバーには、目の疲れとか、肩こりとかの問題がたくさん生じています。

1

5

●**下書きメモ**

・「〜ていて、」「〜てます」「〜て、〜」は、ビジネス文書ではどのように書いた方が良いですか。

・「ちょっと」「〜とか〜とか」「たくさん」をどのように変えると、ビジネス文書らしくなりますか。

・一部を短くした言葉を使っていませんか。

●**解答用紙**

1．提案内容　ノートパソコンに大型ディスプレーを接続する

2．現状　　　企画チームでは、(a.　　　　　　　　　　) の資料を

(b.　　　　　　　)、(c.　　　　　　　) が1日

(d.　　　　　) ノートパソコンを (e.　　　　　　　　)。

(f.　　　　　)、ノートパソコンは、ディスプレーが

(j.　　　　　)、作業がしにくいです。チームのメンバーには、

目の疲れ (h.　　　　　) の問題が (i.　　　　　　　　)

生じています。

大型 large-sized　大型　cỡ lớn

接続する to connect　连接　kết nối

肩こり shoulder stiffness　肩膀酸痛　chứng cứng vai và cổ

ディスプレー monitor　显示器　màn hình hiển thị

企画 planning　计划　kế hoạch

ルール
4

ビジネス文書に役立つ表現

Useful Expressions for Business Writing　商务文书中有用的表达
Các mẫu câu hữu ích cho văn bản thương mại

ウォーミングアップ

次の提案書の下線部a〜eを、よりビジネス文書らしい表現に変えてみましょう。

20XX年2月25日

総務部長　神谷　真理子様

総務部　キム　ヨンハ

社内喫煙所廃止についての提案

社内喫煙所の廃止をしたいです。　　　　　　　　　　　　　　── a

記

1．提案内容
　　① 最近、社内を全て禁煙にする企業が増えている。当社も社内の喫煙所を全
　　　て廃止し、職場環境を整えた方が良いと考える。　　　　　　　　── b
　　② 社内喫煙所の廃止をきっかけにして、喫煙者が禁煙した場合、月1,000円 ── c
　　　を支給する新しい制度を作る。

2．現状と問題点
　　① 分煙を実施しているが、非喫煙者から「オフィス内でタバコの臭いがする」
　　　というクレームがあり、業務上、問題が起きている。　　　　　　── d
　　② 社内アンケートによると、社内喫煙所の利用者は喫煙者全体の10%より少
　　　なく、ほとんどの喫煙者がビルの外の喫煙所を利用しているという結果だった。── e

3．期待される効果
　　① オフィス環境の改善
　　② 社員の健康増進

4．添付書類
　　喫煙についての社内アンケート結果

ご検討のほど、よろしくお願いいたします。

以上

整える　to put in order　完备　chinh đốn
分煙　separation of smoking and non-smoking areas　划分吸烟和
　　　禁烟的地方　sự phân chia giữa cấm và được hút thuốc
クレーム　complaint　索赔　lời than phiền
増進　enhancement　增进　sự cải thiện

制度　system　制度　chế độ
非喫煙者　non-smoker　不吸烟的人　người không hút thuốc
アンケート　questionnaire　问卷调查　bảng câu hỏi

ビジネス文書に役立つ表現

Useful Expressions for Business Writing　商务文书中有用的表达
Các mẫu câu hữu ích cho văn bản thương mại

　ビジネス文書には、よく使われる表現がいくつもあります。ビジネス文書らしい表現を身に付けましょう。

〈ビジネス文書に役立つ表現の例〉

表現	意味	例文
～が急務だ	～を急いで／優先して行わなければならない	問題の解決には、計画を変更することが急務である。
～が望ましい	～なる／するのが良い	本研修は、全5回全てに参加するのが望ましい。
～ [名詞] の／ [動詞・辞書形] 運びとなる	～することになる～することに決まる	Aさんが営業部に配属される運びとなりました。
～ [動詞・辞書形] 所存だ	(私は) ～しようと思う(私は) ～と考えている	プロジェクトの成功に向けて、全員で協力していく所存です。
[数] をきる	[数] 未満になる	見本市の開催まで1週間をきり、資料の準備に忙しい。
～を機に	～ (の) 機会に～をきっかけに	社内の喫煙所が廃止になったので、これを機に禁煙することにした。
痛感する	強く感じる	社会人としての心構えができていなかったことを痛感した。
～に難色を示す	提案内容に賛成できないという様子を見せる	部長は、A社と契約を結ぶことに難色を示している。
苦戦を強いられる苦戦を余儀なくされる	売上などの業績が上がらない状態が続く	商品Aは、関東地方で苦戦を強いられている。
～に支障をきたす～に支障が生じる／出る	～を妨げる問題が起きる	パソコンが古くなり、業務に支障をきたしている。
精進する／を重ねる尽力する鋭意努力する	一生懸命努力する	少しでも早く会社に貢献できるよう、日々精進します*1。

開催　holding　举办　sự khai mạc

業績　results　业绩　thành tích, doanh thu

心構え　mental preparedness　思想准备　sự chuẩn bị về tinh thần

日々　day by day　天天　mỗi ngày

[議論、改善、検討など]の余地がある	更に〜してみることができる 更に〜の必要がある	本プロジェクトには、改善の余地がある。
[知識、理解、親睦など]を深める	〜の程度を深くする	業務を円滑に進めるために、専門用語の知識を深める必要がある。
[差別化、効率化、意思統一など]を図る	〜が実現するように努力する 〜できるように工夫する	無駄な業務をなくし、業務の効率化を図りたい。

＊1 「精進いたします」「精進してまいります」などが使えるとより良いでしょう。

CHECK POINT チェックポイント2 社内文書でよく使われる件名・定型文

Common Subject Lines and Set Phrases for Internal Documents　公司内部文书经常使用的标题、常用表达
Tựa đề, câu cố định thường dùng trong văn bản nội bộ

　社内文書は簡潔さが重要なため、社外文書ほど敬語表現や丁寧さに気を付ける必要はありません。しかし、業務に必要な提案や依頼、報告をする場合、敬語を使った定型文が使われます。

〈件名と定型文〉

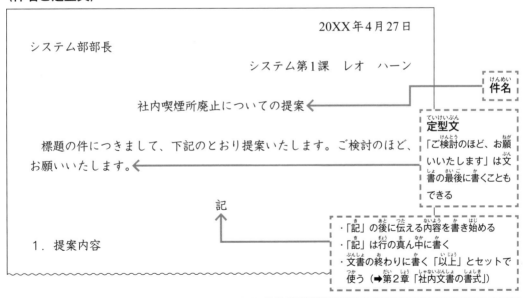

20XX年4月27日

システム部部長

システム第1課　レオ　ハーン

件名

社内喫煙所廃止についての提案

定型文
「ご検討のほど、お願いいたします」は文書の最後に書くこともできる

　標題の件につきまして、下記のとおり提案いたします。ご検討のほど、お願いいたします。

記

・「記」の後に伝える内容を書き始める
・「記」は行の真ん中に書く
・文書の終わりに書く「以上」とセットで使う（➡第2章「社内文書の書式」）

１．提案内容

親睦　camaraderie　和睦　tình hữu nghị
統一　unification　统一　sự thống nhất
件名　subject line　标题　tựa đề
標題　main heading　标题　tiêu đề

円滑　smooth　顺利　trôi chảy, thuận lợi
定型文　set phrase　常用表达　câu cố định
システム　IT system　系统　hệ thống

〈社内文書の件名と定型文の例〉

主な文書	件名例	定型文例
研修報告書 ➡2章-2 出張報告書	・「〜セミナー／研修」受講報告書 ・〜出張報告書	・このたび、標記セミナーを受講しましたので、下記のとおりご報告いたします。 ・下記研修に参加いたしましたので、以下にご報告します。 ・下記のとおり、出張についてご報告します。
稟議書 ➡2章-4	・〜について ・〜の件	・下記につきまして、ご検討をお願い申し上げます。 ・下記の件につきまして、お伺いいたします。ご決裁のほど、よろしくお願いいたします。 ・以下のとおり〜たく、ご承認くださいますようお願いいたします。
提案書 ➡2章-5	・〜の提案 ・〜について ・〜についての提案 ・〜の件	・標題の件につきまして、下記のとおり提案いたします。ご検討いただきたく、お願い申し上げます。 ・〜について、提案いたします。ご検討のほど、よろしくお願いいたします。

※1　件名や定型文をどのように書くか、ルールが会社で決まっている場合があります。書く前に確認しましょう。

※2　一般的に、日報や週報などの業務報告および議事録では定型文は書きません。

決裁　approval　裁決、批准　sự phê chuẩn, sự chấp thuận

1) 研修を受けて、私は敬語が正確に使えないことを（　　　　　　　）した。

2) 今後も、全力で努力する（　　　　　　　）です。

3) 企業の努力により、4万円を（　　　　　　　）格安のパソコンが登場した。

4) この研修で、日本のビジネス文化について理解を（　　　　　　　）ことができた。

5) 今後も一社会人として、（　　　　　　　）してまいります。

6) 大部分は賛成だが、細かい点にはまだ検討の（　　　　　　　）がある。

7) 良いチームを作るためには、チーム内で意思統一を（　　　　　　　）ことが重要だ。

8) プリンターが故障してしまい、業務に（　　　　　　　）をきたしている。

9) その土地の開発には、一部の住民が（　　　　　　　）を示しており、計画どおりに進んでいない。

```
① 所存   ② 深める   ③ 図る   ④ 支障   ⑤ きる
⑥ 余地   ⑦ 難色   ⑧ 痛感   ⑨ 精進
```

ルール4

格安　very low cost　廉价　giá hời
プリンタ（ー）　printer　打印机　máy in

一社会人　a working professional　社会一员
một người lao động

以下は月報の所感です。下線部a〜cをよりビジネス文書らしい表現にしましょう。

➡4-①

6. 所感　　　　　　　　　　　　　　　　　　　　　　　　　　　　　　　1

　　先日発売した「商品T」は、関西地区で_a売上がなかなか上がらない状態が続いて

いる。そこで、関西地区での_b問題点を急いで整理しなければならない。また、競合

他社のA社「商品X」との_c違いをはっきりさせられるように努力することも必要

である。具体的には、まず価格の引き下げを_d検討しようと考えている。　　　　　5

●下書きメモ

・「業務の結果がなかなか出ない状態」のことを、ビジネス文書ではどのように表しますか。
・「急いで何かをしなければならない」という意味の言葉は何ですか。
・「違いをはっきりさせる」という意味の言葉は何ですか。
・「〜しようと考えている」をビジネス文書らしい表現にすると、どのようになりますか。

●解答用紙

6. 所感

　　先日発売した「商品T」は、関西地区で（a.　　　　　　　　　　　　　　）

いる。そこで、関西地区での問題点の整理が（b.　　　　　　　　　　　　　）。

また、競合他社のA社「商品X」との（c.　　　　　　　　　　　　　　　　）

ことも必要である。具体的には、まず価格の引き下げを（d.　　　　　　　　　）。

競合他社　competitor company　竞争的其他公司　　　　引き下げ　decrease　降（价）　sự cắt giảm
　　　　　đối thủ (công ty) cạnh tranh

次の1)～3)で作成する文書の件名と定型文を考えましょう。➡4-②

```
                                    20XX年4月27日
   システム部部長
                        システム第1課　レオ　ハーン

   ┌─────────────────────────────────┐
   │ ①　件名                          │
   └─────────────────────────────────┘

   ┌─────────────────────────────────────────┐
   │ ②　定型文                                │
   └─────────────────────────────────────────┘

                        記
```

1) 〈書く文書〉　提案書
   〈内容〉　　昼食を温めるために、電子レンジを購入してほしい。

   ①　件名　：（　　　　　　　　　　　　　　　　　　　　　　）

   ②　定型文：（　　　　　　　　　　　　　　　　　　　　　　）

2) 〈書く文書〉　研修報告書
   〈内容〉　　先日受講した「1日で分かる経理入門セミナー」について報告する。

   ①　件名　：（　　　　　　　　　　　　　　　　　　　　　　）

   ②　定型文：（　　　　　　　　　　　　　　　　　　　　　　）

3) 〈書く文書〉　稟議書
   〈内容〉　　5月に行われる「日本テクノロジー見本市」に出展したい。

   ①　件名　：（　　　　　　　　　　　　　　　　　　　　　　）

   ②　定型文：（　　　　　　　　　　　　　　　　　　　　　　）

電子レンジ　microwave　微波炉　lò vi sóng　　　　　テクノロジー　technology　技术　công nghệ
出展する　to exhibit　展出　đưa ra triển lãm, trưng bày

目標 簡潔で分かりやすい文を書く
Write Concise and Clear Sentences　句子要写得简单明了　Viết câu ngắn gọn, dễ hiểu

ルール 5　同じ言葉や表現を繰り返さない
Avoid Repeating the Same Words and Expressions　避免重复使用相同的用语和表达
Không lặp lại từ ngữ, mẫu câu giống nhau

ウォーミングアップ

次の営業月報のa〜cには、言葉の繰り返しや重なりについて変えた方が良いところがあります。どのように直しますか。

営業部部長　橋本　健一様

20XX年8月度　営業月報

報告日：20XX年9月2日
所　属：営業部第1課
氏　名：ホアン ヴァン ナム　㊞ホアン

	目標	実績	達成率
新規契約数	100（5件／日）	77	77%（前月比10%増）
売上	¥2,500,000	¥1,560,000	62%（前月比7%増）

1．今月の反省点
　　1日当たり5件の新規契約目標数が達成できた日は、10日のみだった。1日当たり5件の新規契約目標数を常に達成するには、接客の方法や資料の使い方を見直すことが必ず必要である。　　―― a

2．来月の目標
　　新規契約数：100件
　　商品説明方法の改善、接客時間の改善により、1日8名より以上の接客数を目指し、新規契約数100件を目指す。　　―― b

3．所感
　　私は「製品C」についての知識がまだ十分ではないと思う。そのため、お客様への商品説明がうまくできず、契約に結びつかないのだと思う。製品Cについてしっかり理解すれば、接客の質を上げられないこともないと思う。　　―― c

以上

重なり　repetition　重复、重叠　sự trùng lặp
～増　～increase　増加～　tăng ～
目指す　to aim　以～为目标　hướng đến

前月比　month on month　与上个月的同比　so với tháng trước
見直す　to revise　重新考虑　xem xét lại
結びつく　to lead to　达成　đưa đến, dẫn đến

35

同じ表現を連続して使わない
Avoid Using the Same Expression Consecutively　避免连续使用相同的表达
Không dùng liên tiếp mẫu câu giống nhau

　１つの文書の中で、同じ表現を何度も使わないように気を付けましょう。特に文の終わりで「～と思う」を繰り返すと、書いた人の自信のなさを感じさせてしまうこともあります。できるだけ「～だ」「～ます」などで意思を明確に表しましょう。

例1	×	本研修で学んだ社外メールのルールを、今後、社外メールを書く際に役立てたい。 理由：同じ単語を連続して使っている。
	○	本研修で学んだ社外メールのルールを、今後に役立てたい。
例2	×	社外文書は、お客様や取引先などに向けて書くものです。一方、社内文書は社内の人に向けて書く文書です。例えば社内で部下から上司に出す文書は、日報や提案書、稟議書などです。また、会議の内容を簡潔にまとめたものが議事録です。 理由：文の終わりが全て「～です」になっている。
	○	社外文書は、お客様や取引先などに向けて書くものです。一方、社内文書は社内の人に向けて書きます。例えば社内で部下から上司に出す文書には、日報や提案書、稟議書などがあります。また、会議の内容を簡潔にまとめたものが議事録です。

〈「～と思う」の主な言い換え表現〉

例文	言い換え表現の例
A案よりB案の方が効果的だと思う。	・効果的だ。 ・効果的だと考える。 ・効果的だという印象を持った。
今後の課題は日本語での電話応対力を付けることだと思った。	・付けることだ。 ・付けることだと感じた／理解した／分かった。 ・付けることだと考える。
今月中に研修について報告しようと思っています。	・報告します。 ・報告する所存です。

役立てる　to be useful　起作用　vận dụng, làm cho hữu ích　　　課題　challenge　课题　vấn đề cần giải quyết

同じ意味を持つ言葉の重なりに気を付ける

Take Care When Using Words with the Same Meaning Together　注意具有相同意义用语的重叠使用

Thận trọng với sự trùng lặp của các từ đồng nghĩa

同じ意味を持つ言葉の重なりに注意しましょう。また、内容がすぐに分かりにくいため、ビジネス文書では否定の表現を重ねないように気を付けましょう。

例1	×	A社と契約できるかどうかは、<u>まだ未定</u>だ。 理由：「未定」の「未」は「まだ（未だ）」の意味を持っている。
	○	A社と契約できるかどうかは、未定だ／まだ決まっていない。
例2	×	新しいサービスに変更すると、月額<u>約</u>1,000円<u>程度</u>節約できる。 理由：「約」と「程度」の意味は同じ。
	○	新しいサービスに変更すると、月額約1,000円／1,000円程度節約できる。

〈同じ意味を持つ言葉の重なりの主な例〉

×	○	×	○
今の現状	現状	まず初めに	まず／初めに
達成感を感じる	達成感を得る	〜より以下／以上	〜以下／以上
実行を行う	実行する	〜と思う所存だ*1	〜所存だ
隔週おきに	隔週で 1週間おきに	〜だけに限定する	〜に限定する 〜だけにする
必ず必要	必要	楽しめられる*2	楽しめる

＊1　「所存だ」（➡4-①）

＊2　「楽しめられる」は「楽しめる」と「〜られる」の可能表現が重なっています。「（楽しい時間が）過ごせられた」「（希望が）もてることができない」なども同じです。

〈否定の表現を重ねた主な例〉

×	○
A社との取引は期待できないわけではない。	期待できる
提出期限に間に合わないことはない。	間に合う
業務に支障が出て*1 いないとは言えない。	出ている
物を置くスペースがなくならないとは限らない。	なくなる可能性がある

＊1　「支障が出る」（➡4-①）

- -

未定　undecided　未定　chưa quyết định

隔週　every other week　隔周　hai tuần một lần

スペース　space　空间　không gian, chỗ

月額　monthly amount　月额　số tiền mỗi tháng

限定する　to limit　限定　giới hạn

次の文の下線部分を正しい形に書き換えましょう。 ➡5-②

1) <u>今の現状</u>では、A社は「TS100-S」の購入を前向き*1に検討中とのことだが、実際に
（　　　　　　　　）

   販売できるかどうかはまだ未定だ。
（　　　　　　　　　）

   *1「前向き」（➡2-①）

2) 予算は<u>約30,000円程度</u>です。業務改善のために、プリンターの買い換えが
（　　　　　　　　　　）

   <u>必ず必要</u>だと考えます。
（　　　　　　　）

3) 試供品の配布は、土・日<u>だけに限定</u>している。
（　　　　　　　　　　）

4) 健康診断は、<u>まず初めに</u>40歳<u>より以上</u>の社員が受ける。
（　　　　　　　　）（　　　　　　　　　　）

5) この表を見れば、結果が一目で<u>分かることができます</u>。
（　　　　　　　　　　）

買い換え　replacement purchase　购买替换品
　　　　　sự mua mới (thay cái cũ)

配布　distribution　散发　sự phân phối

試供品　free sample　试用品　hàng dùng thử

一目で　at a glance　看一眼（就～）ngay cái nhìn đầu tiên

練習2 以下は、展示会の出展についての稟議書の一部です。「～と思う」や言葉の繰り返し、二重の否定表現などに気を付けながら、「2. 出展理由」を書き換えましょう。➡5-①②

2. 出展理由 1
　　今の現状では、展示会出展には費用もかかり、業績に直接つながらないという意見もあると思います。また、まず初めにターゲットを決めて、そこだけに限定して営業を行った方が効果的だという考えもあると思います。しかし、一度に多くの人に商品を知ってもらえる展示会は、大きな効果が期待できないわけではないと思います。 5
　　お客様の声を直接聞くことができる良い機会ですので、展示会に初出展したいと思っております。

3. 費用 10

●下書きメモ
・同じ意味を持つ言葉が重なっているのはどこですか。
・「～ないわけではない」はどのような意味ですか。
・文の終わりの表現が同じにならないように、工夫していますか。

●解答用紙

2. 出展理由
　　（a.　　　　　　　）、展示会出展には費用もかかり、業績に直接つながらないという意見もあると思います。また、（b.　　　　　　　）ターゲットを決めて、
（c.　　　　　　　　　　　　　　）営業を行った方が効果的だという
（d.　　　　　　　　　　）。しかし、一度に多くの人に商品を知ってもらえる
展示会は、（e.　　　　　　　　　　　　　　　　）。
　　お客様の声を直接聞くことができる良い機会ですので、（f.
　　　　　　　　　　）。

3. 費用

展示会　exhibition　展覧会　cuộc triển lãm　　　　　　ターゲット　target　目標、(销售) 対象　mục tiêu, đối tượng

ルール 6 文の構造を正しくする
ぶん こうぞう ただ

Correct the Sentence Structure　句子结构要正确
Viết đúng cấu trúc câu văn

ウォーミングアップ

次の提案書のa〜cは文の構造が正しくありません。どのように直しますか。
つぎ ていあんしょ ぶん こうぞう ただ なお

20XX 年 4 月 10 日

部長	課長

人事部　アンドレ　チャン ㊞

がん検診受診率向上についての提案

標題の件につきまして、下記のとおり提案いたします。

記

1．現状
　　　がんは適切に受け発見することで、治すことが可能な病気になってきています。 ┐
　　今年、国はがん検診の受診率50%を目標にしました。　　　　　　　　　　　　　　┘— a
　　　当社は、社員のがん検診受診の状況が把握できていないため、正確ながん検診 ┐
　　受診率が分からないため、早急に対策を取るべきだと考えます。　　　　　　　　┘— b
2．提案内容
　　　1点目の提案は、「がん検診についてのアンケート」を行い、社員のがん検診 ┐
　　受診率を把握したいです。　　　　　　　　　　　　　　　　　　　　　　　　　│— c
　　　2点目の提案は、社員全員にがん検診の案内をして、受診率の向上を図り*1たいです。┘
3．効果
　　　社員がより元気に活躍する職場が実現できます。
　　　がんの発見、治療で社員の健康維持が可能になります。
4．添付書類
　　　「がん検診アンケート（案）」　1部

ご検討のほど、よろしくお願い申し上げます。

以上

＊1　「〜を図る」（➡4-①）
はか

がん　cancer　癌　bệnh ung thư
受診　undergoing a health check　接受诊治　sự được khám bệnh
じゅしん
当社　our company　本公司　công ty chúng ta
とうしゃ
早急　immediate　火速　một cách tức thời
そうきゅう

検診　health check　体检　sự khám bệnh
けんしん
向上　improvement　向上、提高　sự nâng cao
こうじょう
把握する　to grasp　把握、掌握　nắm bắt
はあく

41

チェックポイント **1** 主語と述語の関係を正しく合わせる

Connect the Subject and the Predicate Correctly　正确搭配主谓语的关系
Kết hợp đúng mối quan hệ của chủ ngữ và vị ngữ

　文の中の「主語（誰が、何が）」と「述語（どうする、どんなだ）」の関係が合っていないと、文の内容を正確に伝えることができません。1文に多くの情報を入れすぎないように注意し、主語と述語の関係を正しく合わせましょう。

例1	×	今月の目標は、新規顧客獲得数を先月より10%増やします。 理由：「主語＝目標」「述語＝増やします」→×「目標は増やします」 「増やす」のは「私」で、「目標」ではない。
	○	今月の目標は、新規顧客獲得数を先月より10%増やすことです。
例2	×	運送会社が運送料を値上げする理由は、ドライバー不足問題の解決が急務です*1。 理由：「主語＝理由」「述語＝急務です」→×「理由は急務です」 理由を表す表現を使っていない。
	○	運送会社が運送料を値上げする理由は、ドライバー不足問題の解決が急務だからです。

＊1　「急務だ」（➡4-①）

チェックポイント **2** 主語・目的語は省かない

Avoid Omitting the Subject and Object　不要省略主语和宾语　Không lược bỏ chủ ngữ, tân ngữ

　日本語の会話では、話す人と聞く人の間で共通の理解がある場合、主語や目的語を省くことができます。しかし、ビジネス文書では、省いても読む人が分かるはずだと考えることは、避けなければなりません。読む人が内容を理解するために必要な主語や目的語は省かないようにしましょう。

| 例1 | × | 若い世代の人にも興味を持ってもらえるような工夫をすれば、できると判断した。
理由：「何が」できるかが書かれていない。 |
| | ○ | 若い世代の人にも興味を持ってもらえるような工夫をすれば、売上目標が達成できると判断した。 |

....

獲得　acquisition　获得、取得　sự thu nhận

ドライバー　driver　司机　tài xế

運送　transport　运送　sự vận chuyển

世代　generation　世代、一代　thế hệ

例2	×	データ受信後150日でバックアップデータは消去する。 理由：「誰が」消去するかが書かれていない。
	○	データ受信後150日でバックアップデータはシステムエンジニアが消去する。
例3	×	聞いて分からない言葉があれば、書いてもらうようにしました。それから、調べて、理解しました。 理由：「何を」調べたのか、「何を」理解したかが書かれていない。
	○	聞いて分からない言葉があれば、書いてもらうようにしました。それから、書いてもらった言葉を調べて、意味や使い方を理解しました。

CHECK POINT チェックポイント3　理由や原因を表す「から／ので／ため」は1文に1つ

Use One から／ので／ため Per Sentence to Indicate a Reason or Cause

1个句子中，只选用1个表示理由和原因的"から／ので／ため"

Trong 1 câu chỉ dùng 1 từ chỉ lý do, nguyên nhân "từ／nên／vì"

理由や原因を表す接続表現「〜から／ので／ため」は、1文中に1つしか使えません。理由や原因が2つ以上ある場合は、連用中止（例：「高く」「〜に乗り」）を使いましょう。

（「連用中止」➡3-①）

例	×	商品Yは関東地方で認知度がまだ低いので、苦戦を強いられて[*1]いるため、対策が必要である。
	○	商品Yは関東地方で認知度がまだ低く、苦戦を強いられているため、対策が必要である。

＊1「苦戦を強いられる」（➡4-①）

ルール
6

受信　reception　接收　sự tiếp nhận (thư từ, tín hiệu)

消去する　to delete　消除　xóa đi

認知度　level of public recognition　知名度、认知度
độ nhận biết của công chúng

バックアップ　backup　后援、备份　bản dự phòng

システムエンジニア　systems engineer　系统工程师
kỹ sư hệ thống

練習1 下線部分を変更して、主語と述語の関係を正しくしましょう。➡6-①

1) 今月の目標は、売上の達成率を90％以上に<u>したいです</u>。

　　　　　　　　　　　　　　（　　　　　　　　　）

2) 今週中に行うことは、新製品の販売促進の方法について<u>考えます</u>。

　　　　　　　　　　　　　　　　　（　　　　　　　　　）

3) この商品の魅力は、軽くて持ちやすく、しかも、非常に<u>丈夫である</u>。

　　　　　　　　　　　　　　　　　（　　　　　　　　　）

4) 備品の購入先を1社にまとめた方が良いと考える理由は、これで月に2,500円節約

　　<u>できます</u>。

　　（　　　　　　　　）

5) この制度の長所は、長期的に人を育てることが<u>できる</u>。

　　　　　　　　　　　　　　　（　　　　　　　　　）

6) 大企業の合併で今までで最も驚いたのは、2018年にA社とB社が1つの会社に<u>なった</u>。

　　　　　　　　　　　　　　　　　　（　　　　　　　　　）

備品　equipment　备件、备用品　trang thiết bị　　　　　　合併　merger　合并　sự hợp nhất

44

➡6-②

練習2 次の文は「何が」や「何を」が省かれ、内容が分かりにくくなってしまっています。下線部分に自由に言葉を補って、文を完成させましょう。➡6-②

1) お客様があまり来なくなり、私たちの店は<u>厳しくなった</u>。

   | 何が？ → | （　　　　　　　　　　　　　　　　） |

2) 私はこの経験で達成感を得ることができ、<u>好きになった</u>。

   | 何が？ → | （　　　　　　　　　　　　　　　　） |

3) 企業が長く続くためには、時代の変化に合わせ、<u>続ける</u>ことが<u>重要である</u>。

   | 何を？ → | （　　　　　　　　　　　　　　　　） |

4) 理想のリーダーとは、しっかりした考えを持ち、<u>引っ張って</u>仕事を進めることができる人だ。

   | 誰を？ → | （　　　　　　　　　　　　　　　　） |

5) 応用 日本の自動車メーカーは、世界各国で現地生産を行っており、<u>建設し雇っている</u>。

   | 何を？ 誰を？ → | （　　　　　　　　　　　　　　　　　） |

ルール **6**

得る　to obtain　得到　nhận được, thu được　　　　各国　each country　各国　các nước
現地　local　当地　địa phương, tại chỗ

練習3 以下は「市場調査報告書」の所感です。主語と述語の関係や、理由や原因の表現、「何が」「何を」に気を付けながら、正しい文に直しましょう。➡6-①②③

〈所感〉   1

　C市はグローバル化した大都市ですので、起業する人が集まっているため、

新商品「ER-X」の販売場所として最適です。

　C市で売れると判断した理由は3点です。1点目は、C市では好感度が高いです。

　2点目の理由としては、……   5

●下書きメモ
　・理由の「から／ので／ため」が1文の中で2つ以上使われていませんか。
　・「C市で売れる」物は何ですか。
　・「好感度が高い」物は何だと思いますか。
　・主語と述語の関係は合っていますか。

●解答用紙

〈所感〉

　C市は（a.　　　　　　　　　　　　　　　　　　　　　　　）

新商品「ER-X」の販売場所として最適です。

　C市で（b.　　　　　　　　　　　　　）理由は3点です。

1点目は、C市では（c.　　　　　　　）好感度が（d.　　　　　　　　　）。

　2点目の理由としては、……

グローバル化する　to globalize　全球化、国際化　toàn cầu hóa　　大都市　metropolis　大城市　đại đô thị
起業する　to start a company　创业　khởi nghiệp　　最適　optimal　最合适　thích hợp nhất
好感度　popularity　好感度　độ ưa chuộng

ルール 7
短い文を書く
Write Short Sentences　句子要写得简短
Viết câu ngắn gọn

ウォーミングアップ

次の報告書を上司に見せたところ、「『4．報告事項』の内容が分かりにくい」と言われてしまいました。a〜cの文にはどのような問題がありますか。どのように直しますか。

20XX年3月19日

山口情報技術部長

報告者：情報技術部　山本　シンシア　[印]

「国際ドローン展示会20XX」見学報告書

標題の件につきまして、下記のとおりご報告します。

記

1．日　時　　20XX年3月18日（木）　10:00〜18:00
2．場　所　　東京国際展示場（東京・有明）
3．内　容　　・10:00〜15:00　ブース見学（計12社）
　　　　　　　・15:30〜16:30　講演「ドローンの未来」
　　　　　　　　　　　　株式会社JDS代表　鈴木　真一　氏
4．報告事項
　　　・A社の「ドローンZ」はデザインが良く、小さくて軽いため、持ち運びにも便利であり、月5万円という比較的安い価格で借りることもできる。 ── a
　　　・B社の「ドローンW」は飛ばせる時間が従来の3倍になったことが会場内で話題であり今後様々な分野での活用が期待される。 ── b
　　　・講演ではドローンの活用例が多数紹介されていた。物流分野ではドローン技術活用の場が急速に広がっているとのことであった。 ── c
5．所感
　　　各社、様々なドローンを紹介しており、今後更に知識を深めていく必要があると感じた。
6．添付資料　　ブース資料（12社分）　　各1部

以上

ドローン　drone　遥控无人飞机　thiết bị bay không người lái　　ブース　booth　展台、包间　gian hàng
比較的　relatively　比较的　tương đối　　従来　until now　以前　từ trước đến nay
物流　logistics　物流　sự phân phối hàng hóa

1文の長さは50字以内

Sentences Should Be No Longer than 50 Characters　每个句子不要超过50字
Độ dài mỗi câu không quá 50 chữ

　社内文書は、「簡潔さと分かりやすさ」が重要です。1文の長さを短くし、50字以内で書くようにしましょう。1文が長い場合は、短い表現に変える、2文に分けて書く、1文に書くテーマを1つにするなどの工夫をしましょう。

例1	×	社外向けビジネス文書には、様々な書式があることは知っていたが、どのように使うのかは分からなかったので、この研修で学んだ書式の使用法を今後の業務に生かしたい。(78字) 理由：1文が78字もあり、長すぎる。
	○	社外向けビジネス文書には、様々な書式があることは知っていたが、使い方は分からなかった。この研修で学んだことを今後の業務に生かしたい。(43字、23字)
例2	×	当社の「商品A」は、競合他社の「商品Y」との差別化を図る*1ために、パッケージや価格を見直さなければなりませんが、現在、商品Aの価格は税込540円ですので、500円をきる*2ことができるかどうかについて、検討していきます。(107字) 理由：1文にテーマが2つあって内容が理解しにくい。
	○	当社の「商品A」は、競合他社の「商品Y」との差別化を図る必要があります。そのため、パッケージや価格を見直さなければなりません。現在、商品Aの価格は税込540円ですので、500円をきることが可能か、検討していきます。(36字、27字、44字)

*1　「差別化を図る」(➡4-①)

*2　「～をきる」(➡4-①)

適切な位置で読点「、」を打つ

Use 、 in the Appropriate Places　在恰当的位置上要标上逗点"、"　Đánh dấu "、" đúng chỗ

　読点「、」は文中の意味のまとまりを示し、文を読みやすくします。読点は、多すぎても少なすぎても文が読みにくくなります。文の適切な位置に読点を打ちましょう。

（「読点」➡2-②）

書式　format　格式　hình thức văn bản

例1	×	A社が小さいドローンを希望されたため「ドローンY」を紹介した。 **理由：1文中に読点が全く打たれていない。**
	○	A社が、小さいドローンを希望されたため、「ドローンY」を紹介した。
例2	×	先週、受けた研修で、私は、数多くのことを、学びました。 **理由：1文中の読点が多すぎる。**
	○	先週受けた研修で、私は数多くのことを学びました。

〈読点を打つ位置の目安〉

読点は20～30字に1つが目安ですが、読んだ時、間を空けるところに打ちます。例外も多いため、一番読みやすくなる読点の位置を考えて書きましょう。

位置の目安	例
主語（主題）に対して述語が 1つの文の主語の後	・今月の目標は、売上300万円を達成することです。 ・場所については、後日改めて連絡します。 　※1　文が短い場合は、読点を打たない場合もある。 　　　　例）会議は4月20日（水）です。 　※2　1つの文の中に主語と述語の組み合わせが2つ 　　　　以上ある場合は、読点を打たない。 　　　　例）受付は4階で、事務所は5階です。
原因・理由（～ため、～ので）、 条件（～と、～たら）、時を表 す言葉（～際、今後）などの後	・パソコンの画面が小さいため、大型の画面を導入したい。 ・社内文書を作成する際、簡潔さを重視する。
接続を表す表現の後	・オフィスでは分煙をしている。しかし、オフィス内はたばこの臭いがする。 ・人手が足りない状況が続いている。そこで、臨時にアルバイトを雇うことにした。
意味のまとまりの後	・パスワードを変更し、セキュリティを高めた。 ・消費税が上がり、来店者数が減少した。
並んだ語彙と語彙の間	・消耗品とは、コピー用紙、ボールペン、ファイルなどです。 ・オフィスは4、5、6階の3フロアに分かれている。

ルール
7

空ける　to open up (a space)　空（格）　chừa

導入する　to introduce　导入、引进　đưa vào

セキュリティ（一）　security　安全设置、防御软件　an ninh

来店　visit to a store　来店　sự đến cửa hàng

フロア　floor　楼层　tầng

主題　subject　主题　chủ đề

パスワード　password　密码　mật khẩu

高める　to enhance　提高　tăng

減少する　to decrease　减少　suy giảm

チェック
ポイント**3** 接続を表す表現を効果的に使う

Use Connecting Phrases Effectively　有効地使用表示接续的表达　Sử dụng hiệu quả những mẫu câu liên kết

　接続を表す表現は、言葉や文の前後の関係を明確に示します。接続の表現を効果的に使って、読む人に伝わりやすい文を書きましょう。

〈短い文と文をつなぐ効果的な表現〉

接続の表現	主な使い方	例文	ほかの表現
（それ）にもかかわらず	前の内容から予想される結果や判断ではないことを述べる時	A社には何度も連絡をしております。それにもかかわらず、問題が解決していないのが現状です。	しかしながら
具体的には	前の内容の具体例を述べる時	見本市には有名な企業も多数出展していた。具体的には、A社やB社などだ。	例えば
とりわけ	前の内容の中で目立つ例を述べる時	この商品は寒い地域で人気がある。とりわけ、北海道での売れ行きが好調である。	特になかでも
かつなおかつ	似た内容のものを加える時	このドローンは、デザインが良い。なおかつ、持ち運びにも便利だ。	またさらにそのうえ
したがってしたがいまして	前の内容の結果や判断を述べる時	最近、テレワークをする社員が増えました。したがいまして、通勤費の支給方法について、見直しを検討したいと思います。	つきましてはよってそこでそのため
これに対して	2つの内容を比べて述べる時	C市はグローバル化した大都市である。これに対して、O市は人口が少なく、自然が豊かな町である。	一方
ただし	前の内容の例外や条件を加える時	試供品は、金曜日限定で配布する。ただし、金曜日が祝日の場合は、配布しない。	なお＊1

＊1　「なお」は、前の内容と違う内容も追加できます。この場合は、「ただし」は使えません。
　　　例）試供品の配布は、なくなり次第終了する。なお（×ただし）、次回の配布は12月を予定。

....

予想する　to anticipate　预想　dự đoán　　　好調　good performance　良好、順利　tốt đẹp, thuận lợi

練習1 次の文は１文が長く読点もないため、意味が伝わりにくくなっています。１文の長さを50字以内にし、適切な位置に読点「、」を打ちましょう。→7-①②

1) 現在お客様にお見せする資料作成に時間がかかりほかの担当業務に大きく影響してしまっているので今月は１資料につき１時間以内で書くことが目標です。（70字）

→

2) 訪日外国人に人気の観光地としてフクロウと触れ合える「フクロウカフェ」や猫が駅長の駅などがありこのような「生き物」を活用したインバウンド向けの観光地は国内に数多くある。（83字）

→

3) 本日初めて田中課長に同行してお客様を訪問しお客様の生の声を聞くことができ今後の課題や改善点などが明確になったので早速明日から対策を考えていきたい。（73字）

→

ルール
7

....

訪日　visit to Japan　访日　việc đến thăm Nhật Bản

触れ合う　to interact　接触、交流　tiếp xúc với

駅長　station master　车站站长　trưởng ga

国内　within a country　国内　trong nước

フクロウ　owl　猫头鹰　cú mèo

カフェ　café　咖啡厅　quán cà phê

インバウンド　inbound　入境旅游
việc du lịch đến nước sở tại (từ nước ngoài)

同行する　to accompany　同行　đi cùng

1) 調べた結果、Ｘ社からパソコンを購入するのが一番安いことが分かりました。
（　　　　　　　　）、支払いは「現金のみ」とのことでした。

2) 在宅勤務は、混んでいる電車に乗るストレスが減って良いという意見がある。
（　　　　　　　　）、仕事とプライベートの時間の区別が難しいという意見もある。

3) 初めてお客様を訪問するため、前日にしっかり資料を準備していました。
（　　　　　　　　）、お客様の前で緊張してしまい、資料を渡すのを忘れて帰ってきてしまいました。

4) この経験を通して、お客様センターは迅速な対応が重要であることを学んだ。
（　　　　　　　　）、丁寧さも大切だと痛感した。

5) 研修では、正しく敬語を話すことができませんでした。（　　　　　　　　）、「～ていただく」と「～てくださる」の区別ができず、苦労しました。

6) 4月になり、営業部に新入社員5名が配属されました。（　　　　　　　　）、新入社員歓迎会を行いますので、ぜひご参加ください。

---

①　なおかつ　②　とりわけ　③　これに対して　④　つきましては
⑤　それにもかかわらず　⑥　ただし

在宅勤務　work from home　在家工作　làm việc tại nhà　　　プライベート　personal life　个人的　riêng tư
前日　previous day　前一天　ngày trước đó　　　迅速　rapid　迅速　nhanh chóng, lập tức
対応　response　对应　sự ứng phó, sự phản hồi　　　配属する　to assign　分配　phân công

以下は、セミナー参加についての稟議書の一部です。「1文の長さ」、「読点」、「接続の表現」に気を付けて、分かりやすい文章に書き換えましょう。➡7-①②③

6．受講目的：   1

　　従来の出社が中心の働き方は新たな形に変わりつつあります。

　　現在、各部にて「出社とテレワークのバランス」について検討いただい

　ており、今後管理部としては従来の制度の改定を実施していく予定です。

　　この改定にどのような問題点があるか専門家の意見を聞き業務に生か   5

　していく必要があると考えたので上記セミナーの受講を希望します。

● **下書きメモ**
・読点を打つと、読みやすくなる箇所はありますか。
・1文の長さは50字以内ですか。
・接続を表す表現を入れると、分かりやすくなるところはありますか。

● **解答用紙**

ルール
7

6．受講目的：

　　従来の出社が（a.   ）あります。

　　現在、（b.

　　　　　　　　　　　　　　　　　　　 ）実施していく予定です。

　　この改定に（c.

　　　　　　　　　　　　　　 ）上記セミナーの受講を希望します。

　　　　　　　　　　　　　　　　　　　　　　　　　 以上

....

出社　going to the office　上班　sự đến công ty　　　　改定　reform　重新制定　sự sửa lại

53

見出しと箇条書き

Headings and Bullet Points　小标题和写条款
Đề mục và sự phân mục

ウォーミングアップ

次の議事録を上司に見せたところ、「何が会議で決まったのかが分かりにくい」と言われてしまいました。「5．決定事項」をどのように直しますか。

議録	作成日　2021年9月24日（金）
	作成者　労務部　ウー　グェン

1．議題　　通勤費制度の改定内容とテレワーク制度の新設

2．日時　　2021年9月24日（金）10:00〜12:00

3．場所　　5階会議室B

4．出席者　村田人事部長、中田経理部長、野口労務部長、川口、ウー

5．決定事項

　　通勤費制度は、1か月に出社する日数で2種類の通勤費支給方法にすることになった。1か月の出社日が12日以上の社員は「出社中心勤務者」として定期券代を支給する。12日未満の社員は、「テレワーク中心勤務者」として定期券代を支給せず、かかった交通費を支給する。
　　通勤費制度の改定は、2022年4月1日（金）から始める。また、通勤費制度の改定で、「テレワーク手当」を新設する。手当の金額は、1日5時間のテレワーク当たり200円を支給する。

6．次回日時　2021年10月15日（金）10:00〜12:00　場所は追って連絡

以上

労務　labor　劳务　lao động

日数　number of days　天数　số ngày

定期券　commuter pass　月票　vé (tàu, xe) tháng

新設　new establishment　新设　sự thành lập

勤務　work　工作　sự làm việc

手当　allowance　补贴　tiền trợ cấp

チェック ポイント **1** 一目でポイントが分かるように書く

Make It Easy to Get the Point at a Glance　文书重点要写得一目了然
Viết để người nhận chỉ đọc qua là hiểu ngay điểm chính

説明する項目が2つ以上ある時や順番に説明する時は、「見出し」を付け「箇条書き」で示しましょう。箇条書きには、「です・ます体」「だ・である体」のほか、「体言止め」も使われます。

普通の文	「見出し」と「箇条書き」を使った文
新システムでは、従来のシステムに比べて、顧客情報の入力作業時間を短縮します。加えて、セキュリティも強化します。また、毎月のメンテナンス費用を10%削減します。	新システムの特徴 1. 顧客情報の入力作業時間を短縮する。 2. セキュリティを強化する。 3. メンテナンス費用を月10%削減する。

〈箇条書きで使われる文体など〉

文体など	例
です・ます体	セキュリティを強化します。
だ・である体	セキュリティを強化する。
体言止め	セキュリティ（を／の）強化*1

＊1 「体言止め」では、句点「。」を省くことができます。句点の有無については、表記（➡1-②）と同じく、文書内でそろえましょう。

....

箇条書き　bullet point　写条款　sự phân mục

短縮する　to reduce　缩短　rút ngắn

メンテナンス　maintenance　维修、保养
　　　　　　　sự bảo dưỡng, sự duy trì

体言止め　ending a sentence with a noun　以名词结句
　　　　　sự kết thúc câu bằng danh từ

強化する　to strengthen　强化、加强　củng cố, tăng cường

削減する　to reduce　削減　cắt giảm

「体言止め」を作るための3つのポイント

3 Points for Making a Sentence Ending with a Noun 以名词结句时的3个要点

3 điểm lưu ý khi kết thúc câu bằng danh từ

　「体言止め」は、文の終わりを「体言（名詞）」にします。「体言止め」にすると、文が短くなるため、重要な点をはっきり伝えることができます。「体言止め」の作り方の3つのポイントを確認しましょう。

1. 助詞を省く

　主に「～は～です／だ。」「～を／が～します／する。」の文では、助詞を省くことができます。

例	9月の売上は4,500,000円で、粗利は800,000円でした。 →　9月売上：4,500,000円（粗利：800,000円）

〈体言止めで省くことができる助詞の主な例〉

助詞	意味	例	体言止めの例
は	主題（topic）	会議室は4階です。	会議室（4階） 会議室：4階
が	主語（subject）	先月は売上が減少した。	先月売上（の）減少
を	対象	パソコンを購入した。	パソコン（の）購入
と	並列	担当は山田と田村でした。	担当（山田、田村） 担当：山田、田村
の	時・場所の指定	次回の会議は5月9日（水）9時です。	次回会議：5月9日（水）9時

　※　同じ助詞でもほかの意味の場合は、省くと意味が通らなくなることがあります。
　　　例）・「と」〈人と～する〉　A社と商品を開発する　（×A社商品開発）
　　　　　・「の」〈持ち物〉　営業部長のデジタルカメラ　（×営業部長デジタルカメラ）

ルール **8**

粗利　gross profit　毛利　biên lợi nhuận gộp　　　　　対象　object, target　对象　đối tượng, mục tiêu

並列　parallel　并列　sự liệt kê

2. 動詞・形容詞を名詞にする

例	会議を始める時間を変えます。 → 会議開始時間（の／を）変更

〈「動詞」→「名詞」の例〉

動詞	名詞	動詞	名詞
［時間を］決める	決定	［住所と名前を］書く	記入
［場所を］確かめる	確認	［資料を］配る	配布
［仕事を］頼む	依頼	［会議が］始まる／終わる	開始／終了
［期間を］延ばす	延長	［商品を］売る／買う	販売／購入
［予定を］変える	変更	［メールを］送る／受ける	送信／受信
［お客様の会社を］訪れる	訪問	［売上が］増える／減る	増（加）／減（少）
［報告書を］作る	作成	［去年の同じ月と］比べる	［前年同月］比

※1 同じ動詞でも、意味や主語・目的語の違いで名詞の形は異なります。
　・〈出る〉　会議に出る：「出席」、部屋を出る：「退室」、
　　　　　　会社を出（てB社へ行く）：「出発」
　・〈増える〉金額が増える：「増額」、利益が増える：「増益」

※2 動詞の「ます形」の「ます」を取った形が名詞になる場合もあります。
　・値段を上げます／下げます　→　値上げ／値下げ
　・確認が済みます　→　確認済（み）

〈「名詞＋が＋形容詞」→「名詞」の例〉

例	M社の製品は品質が高い。 → M社の製品は高品質

形容詞	例	名詞	形容詞	例	名詞
大きい	規模が大きい	大規模	低い	コストが低い	低コスト
多い	数が多い	多数	良い	調子が良い	好調*1（×良調）
少ない	金額が少ない	少額		評判が良い	好評　（×良評）

＊1 「好」は「～が好き」の意味のほかに、「～が良い」の意味もあります。

訪れる　to visit　访问　thăm　　　　　　規模　scale　规模　quy mô

コスト　cost　成本　chi phí

3. 特定の意味を表す語で名詞にする

例 →	会議開始時間がはっきり分からないため、現在、会議の担当者に確認しています。 会議開始時間（が）不明のため、現在、会議担当者に確認中。

〈特定の意味を表す語の主な例〉

		意味	例
語の前に付くもの	不	～ではない、～ない	不（必）要、不明、不足、不在
	非	～ではない	非公式、非喫煙者
	無	～がない	無関心、無意識
	未	まだ～していない	未確認、未完成、未定（＝まだ決定していない）
	既	もう（すでに）～した	既読、既習
	再	もう一度～する	再送、再確認、再提出
	全	全ての～	全社員、全責任、全世界
	要	～が必要、～なければならない	要確認、要連絡、要検討
語の後に付くもの	中	～している	会議中、交渉中、検討中
	前	～する前	入社前、閉店前
	後	～した後	使用後、改善後
	可	～することができる	使用可、予約可
	化	～（く／に）なる／する	悪化、一般化、強化、マニュアル化

ルール 8

特定　specific　特定　đặc trưng, riêng biệt
公式　official　正式、公式　chính thức

不在　absence　不在　sự vắng mặt
交渉　negotiation　交渉　sự thương lượng

練習1 例のように「体言止め」にしましょう。➡8-②

例）新商品を売ります。　→　新商品販売

1）再度、見積もりを頼んだ。　→

2）C社と交渉を始めました。　→

3）30代の男性に評判が良い。　→

4）はっきり分からない点は3点だ。　→

5）担当者がいませんでした。　→

6）[応用]A社は製品X-245を買うことを検討しています。　→

練習2 例のように「体言止め」にしましょう。➡8-②

例）パソコンの買い換えの件で、本日A社、B社、C社の3社に見積もりを依頼した。
　　→　パソコン買い換えの件：本日3社に見積もり依頼（A社、B社、C社）

1）株式会社ABCの訪問を予定しているのは、5月10日（水）です。

　→

2）商品Aの売上は3,500万円で、前の月に比べて30%減りました。

　→

3）今月の売上数は15台で月間目標の達成率は75%でした。

　→

月間　monthly　一个月期间　hàng tháng

次の内容を箇条書きにしましょう。→8-①②

① 「だ・である体」で書きましょう。

> 　私の今後のキャリアプランですが、1年後には深い商品知識を身に付け、全商品についてしっかり説明できるようになります。また、営業の基礎を学び、お客様に信頼される担当者になります。3年後には、グループリーダーになることを目指します。また、数多くのことに挑戦して経験を積みます。5年後にはシニアリーダーとして全ての業務を把握し、社内で信頼される人材になります。

●下書きメモ

・■の項目にはそれぞれ何を書きますか。
・5年後のキャリアプランは何ですか。いくつありますか。

●解答用紙 WEB

今後のキャリアプラン

■

　①

　②

■

　①

　②

■

キャリア　career　履历、经历　nghề nghiệp, sự nghiệp

シニア　senior　老资格的　cấp cao

挑戦する　to take on a challenge　挑战　thử thách

人材　personnel　人才　nhân tài

② 「体言止め」で書きましょう。

> 　時間内に業務が終わらないという問題を解決するために、以下の対策を考えました。1つ目は始業前に「ToDoリスト」を作ることです。このリストには、やるべきことと期限を書きます。また、業務が完了した後、チェック欄にチェックをすることを徹底します。2つ目は、机の周りの整理をすることです。具体的には、内容ごとにファイルを色分けし、ファイルの設置場所を決めます。

●下書きメモ
- ・対策はいくつありますか。
- ・それぞれの対策の具体的な方法は何ですか。

●解答用紙　[WEB]

<table>
<tr><td>時間内に業務を終了するための対策</td></tr>
</table>

始業　start of work　开始工作　sự bắt đầu làm việc

ToDoリスト　to-do list　待办事项、任务清单　danh sách việc cần làm

欄　column　〜栏　cột

徹底する　to be thorough　彻底　thực hiện triệt để

色分けする　to color-code　用颜色分类　phân chia theo màu

設置　placement　放置、设置　sự đặt, sự lắp đặt

6W4Hで具体的に書く

Write Specifically Using the 6 Ws and 4 Hs　要具体写清楚6W4H
Viết cụ thể bằng 6W4H

ウォーミングアップ

次の歓迎会のお知らせのa〜cには、情報不足や誤解が生じやすい点があります。どのような点が良くないと思いますか。

回　覧

20XX年6月15日

開発部員各位

開発部　パク　ダオン

歓迎会のお知らせ

　6月1日から開発部に配属されたブンクン・バイヤットさんの歓迎会を、下記のとおり行います。ブンクンさんはタイで日本語を学ばれ、今年4月に来日されました。趣味はゲームで、eスポーツの世界大会で優勝されたこともあるそうです。
　日本での生活や業務に、少しずつ慣れてきた様子のブンクンさんですが、<u>これには</u>まだ戸惑うことも多いかもしれません。　——a
　当日はブンクンさんと様々な話をして、お互いの親睦を深めたいと存じます。お忙しい時期ではございますが、途中からでもぜひご参加ください。

記

　日時：6月30日（水）　　　　　　　　　　　　　　　　　　——b
　場所：居酒屋「やきとり一番」（渋谷駅西口の近く）

名前	鈴木部長	森リーダー	伊藤	西村
出欠				

——c

来週の金曜日までに出欠のご連絡をお願いします。

以上

誤解　misunderstanding　误解　sự hiểu lầm
各位　everyone　各位　toàn thể (người)
居酒屋　*izakaya* (Japanese-style pub)　小酒馆　quán rượu

回覧　circular　传阅　sự truyền nhau để đọc
戸惑う　to struggle with　犹豫、困惑　lúng túng, bối rối

情報不足に気を付ける

Take Care to Avoid Providing Insufficient Information　注意 "信息不足"
Thận trọng với "thông tin không đầy đủ"

　ビジネス文書において最も重要な点は、情報を正しく伝えることです。「誰が」「いつ」「何を」などの6W4Hを常に意識しましょう。

〈ビジネス文書の「6W4H」〉

6W	Who	担当者、実行者	誰がするか、誰がしたか
	When	時期、時間	いつするか、いつまでか
	What	内容、テーマ	何をするか、何についてか
	Why	理由／原因、目的	なぜするか、なぜそうなったか
	Where	場所、地域	どこでするか、どこにするか
	Whom	対象者、相手	誰にするか
4H	How	状態、方法	どんな状態か、どんな方法でするか
	How much	費用、価格	いくら必要か、いくらだったか
	How many	人数、物の数	何名か、どのくらいの数か
	How long	期間	どのくらいの期間か

数字で具体性を高める

Use Numbers for Greater Specificity　用数字来具体说明　Tăng độ cụ thể bằng các con số

書く人が分かっていることでも、**数字で具体的に示さなければ**、読む人には情報が正確に伝わりません。特に**期限についての表現は誤解が生じやすい**ため、注意が必要です。

例1	×	新商品の販売促進活動として、DM を<u>前回より多め</u>に印刷し、<u>至急</u>発送予定。 理由：いつ、何通発送するのかが書かれていない。
	○	新商品の販売促進活動として、DM1,000通（前回800通）を9月1日（水）に発送予定。
例2	×	現在の業務の流れに、<u>いくつか</u>の課題があることが分かった。 理由：実際に課題がいくつあるのかが書かれていない。
	○	現在の業務の流れに、課題が3点あることが分かった。

〈誤解が生じやすい期限の表現の例〉

	×	○
数日 2、3日 しばらくなど	会議の資料を作るのに数日必要です。 理由：具体的にいつまでかが分からない。	・3日間必要です。明後日9日（火）17時までに完成させます。
［明日／来週の月曜日／来月末……］までに	この資料を来週の月曜までに用意しておいてください。 理由：本来、「～まで」は「その日中」という意味だが、「月曜日のスタート（朝）まで」と考える場合もあり、いつまでかがはっきりしない。	・来週月曜日（5日）の朝9時までに ・7月5日（月）の17:00までに ・9日金曜の就業時間内に
一両日中に	返信は一両日中に必ずお願いします。 理由：「今日～明日」と「明日～明後日」の両方が考えられ、いつまでかがはっきりしない。	・明日6日（水）の14時までに

DM　direct mail　DM（直邮广告）　thư tín trực tiếp

至急　urgently　火急　khẩn, hỏa tốc

就業時間　working hours　工作时间　giờ làm việc

多め　more than usual　略多一些　nhiều về lượng

いくつか　several　有几个　một vài

一両日中　in a day or two　一两天以内　trong một, hai ngày

数字、固有名詞、漢字を正確に書く

Use Correct Numbers, Proper Nouns, and Kanji　正确书写数字、固有名词 、汉字
Viết chính xác con số, danh từ riêng, Hán tự

　日時や金額、人や物の名前、漢字は正確に書かなければなりません。同じ読み方で異なる意味の言葉（同音異義語）もあります。よく確認して、ミスに十分気を付けましょう。

		注意するポイント
数字	日時	・日にちや開始時間などは正しいか
	金額	・「0」が多い、少ないなどの間違いはないか
*1 固有名詞	社名	・「株式会社」の位置 　　×　株式会社オリンパス　→　○　オリンパス株式会社 ・小さい文字（ャ、ュなど）　　×　キャノン　→　○　キヤノン ・「゛」の有無　　×　ビッグカメラ　→　○　ビックカメラ ・そのほか　　×　ブリジストン　→　○　ブリヂストン
	人名	・同じ読み方で異なる表記 　　①　さいとう：斎藤／斉藤／齋藤／齊藤 　　②　わたなべ・わたべ：渡辺／渡邊／渡邉／渡部
漢字	同音異義語	・同じ読み方で異なる表記と意味 　　①　いがい：　意外／以外　　②　いらい：　以来／依頼 　　③　いじょう：以上／異常　　④　かんしん：関心／感心

＊1　会社や人の名前以外に、商品名や場所の名前にも注意する必要があります。書く前に、ホームページなどで必ず調べましょう。

意外　unexpected　意外　ngoài dự đoán　　　　　　　以来　since　以来　từ khi

「こ／そ／あ」の言葉に注意する

Take Care When Using こ／そ／あ Demonstratives　注意 "こ／そ／あ" 用语的使用
Lưu ý đến những từ có chứa "こ／そ／あ"

「これ」「それ」「あれ」などの言葉を使うと、文が曖昧になってしまう場合があります。
「こ／そ／あ」の言葉はできるだけ使わないようにしましょう。

例	×	会議では、「テレワーク手当」を見直すことが話し合われた。<u>これ</u>が本当に必要かどうかについて、様々な意見があった。 理由：「これ」が「テレワーク手当」と「テレワーク手当を見直すこと」のどちらなのかが分からない。
	○	会議では、「テレワーク手当」を見直すことが話し合われた。テレワーク手当を見直すこと／テレワーク手当の見直しが本当に必要かどうかについて、様々な意見があった。

ルール
9

....

曖昧　vague　暧昧　mơ hồ

67

練習1 例のように下線部分の情報に数字を入れて、具体性を高めましょう。→9-①②

例) この作業は昨日私が行ったが、1時間かかった。
　　仕事が早い山田さんでも、少しは時間がかかるでしょう。
　　　　　　　　　（　30分程度は　）

1)　年末年始の休みのため、12月29日（水）よりしばらくメールの返信ができません。
　　　　　　　　　　　　　　　（　　　　　　　　）

2)　前回の打合せの出席者は5名だったが、今回は出席者が少し増えた。
　　　　　　　　　　　　　　　　　（　　　　　　　　）

3)　会議についての質問がいくつかあるのですが、今聞いてもいいですか。
　　　　　　　　（　　　　　　　　）

4)　説明会の参加者は20名ですが、配布資料は、念のため少し多めに用意してください。
　　　　　　　　　　　　　　　　　（　　　　　　　　）

5)　今日の会議の議事録ですので、できるだけ早く書いてください。
　　　　　　　　（　　　　　　　　）

....

年末年始　year-end and New Year period　年末年初　　　　念のため　just in case　为了慎重起见　cho chắc, cho yên tâm
tất niên và năm mới

練習2 あなたはウォーミングアップ「ブンクンさん歓迎会」の幹事をする開発部のパクさんです。必要な情報を追加して歓迎会のお知らせを完成させましょう。

➡9-①②③④

●下書きメモ

・歓迎会は何時から何時までですか。

・参加費はいくらですか。誰にいつ払いますか。

・居酒屋の具体的な場所はどこですか。駅からどのように行きますか。

・場所のほかに、居酒屋について書いた方が良い情報はありますか。

・出欠の連絡はいつまでですか。誰にどのようにしますか。

・遅れて参加する場合は、どのようにしますか。

・出欠がまだ分からない場合は、どのようにしますか。

・もし聞きたいことがあったら、誰に連絡しますか。

ルール
9

幹事 organizer 干事、召集人 người phụ trách

回　覧

20XX年6月15日

開発部員各位

開発部　パク　ダオン

歓迎会のお知らせ

　6月1日から開発部に配属されたブンクン・バイヤットさんの歓迎会を、下記のとおり行います。ブンクンさんはタイで日本語を学ばれ、今年4月に来日されました。趣味はゲームで、eスポーツの世界大会で優勝されたこともあるそうです。

　日本での生活や業務に、少しずつ慣れてきた様子のブンクンさんですが、新しい環境にはまだ戸惑うことも多いかもしれません。

　当日はブンクンさんと様々な話をして、お互いの親睦を深めたいと存じます。お忙しい時期ではございますが、途中からでもぜひご参加ください。

記

日時：6月30日（水）
場所：居酒屋「やきとり一番」

名前	鈴木部長	森リーダー	伊藤	西村
出欠				

以上

ルール
10

事実と意見を区別する

Distinguish between Facts and Opinions　区别事实和意见

Phân biệt sự thực và ý kiến

ウォーミングアップ

次の出張報告書の「5. 所感」には、情報の伝え方を変えた方が良いところがあります。

どのように直しますか。

20XX年11月10日

国際営業部部長　中田　正一様

国際営業部　ブルース　ファン

出張報告書

下記のとおり、出張についてご報告いたします。

記

1. 出張者名　　国際営業部　ブルース　ファン
2. 出張期間　　20XX年11月8日（月）〜9日（火）
3. 出張先　　　長崎産業貿易センター（長崎県長崎市）
4. 目　的　　　「国際テクノロジー見本市20XX」の当社ブースでの営業活動
5. 所　感
   ・直接話をした企業18件のうち、5件の新規契約に成功しました。本見本市で、当社製品の認知度を上げることができたと思われます。
   ・8日（月）の来場者数は985人、9日（火）は965人でした。どのブースも活発な商談が行われており、来年も出展した方が良いと感じました。
   ・タイ語とベトナム語の資料の問い合わせが6件ありました。現状では、英語以外の言語の資料がありません。アジアの国々向けの資料作りを検討するべきだと考えます。
6. 経　費　　　¥57,300（経費精算書　添付）

以上

来場者 visitor　出席者、到場者　khách tham dự

商談 business discussion　洽淡　cuộc đàm phán kinh doanh

精算書 statement of accounts　明细账单　bản kê khai

活発 active　活跃、活泼　tích cực, sôi nổi

経費 expense　经费　kinh phí, công tác phí

「所感」とは

How to Write Your Impressions　"所感"是什么　"Cảm nghĩ" là gì?

　ビジネス文書では、「事実」と「自分の考え」を分けて書きます。報告書の場合、事実は「報告事項」や「研修内容」、自分の考えは「所感」に書きます。所感では、業務について「どう判断したか」「その理由は何か」を論理的に述べなければなりません。単に「良かった」「興味深かった」と抽象的な内容にならないように注意しましょう。

┌─────────────────────────┐
│ なぜ勉強になったかの理由 │
└─────────────────────────┘

┌──────────────┐
│ 研修でできなかっ │
│ たことに対して、 │
│ どうしていくかの │
│ 判断 │
└──────────────┘

例）　研修報告書の所感

　今回の内定者研修で最も印象に残ったのは、営業現場での応対についてです。実際の営業を行う前に、自分の足りない点が分かり、大変勉強になりました。特に私は商品の説明がうまくできず、苦労しました。言葉の使い方や、商品の説明方法を何度も練習する必要があると痛感しました*1。

＊1　「痛感する」（➡4-①）

伝わる所感を書くための3つのポイント

3 Points for Effectively Conveying Your Impressions　把自己的所感传达给对方时的3个要点
3 điểm lưu ý để truyền đạt được cảm nghĩ khi viết

　読む人に伝わる良い所感には、「具体的・客観的」「論理的」「展望」の3つのポイントがあります。

1．「具体的・客観的」かを意識する

　所感は主張や事実の説明だけではなく、「なぜそう思うのか」「その理由は何か」という点も必要です。「判断」＋「具体的・客観的な理由」のセットで書くことを意識しましょう。

例1	×	今回の販売促進活動は、非常に効果的だった。 理由：どのように効果的だったのかが具体的に分からない。
	○	今回の販売促進活動は、売上高が前月比15％増となり、非常に効果的だった。

論理的　logical　逻辑性的　hợp lý, có logic

抽象的　abstract　抽象的　trừu tượng

客観的　objective　客观的　khách quan

興味深い　very interesting　津津有味　đáng quan tâm, thú vị

内定者　prospective employee　已经内定的人
　　　　nhân viên tương lai, chưa chính thức

展望　prospects　展望　cái nhìn toàn cảnh

例2	×	販売促進活動ではお客様が喜んでいるようだったので、良かった。 **理由**：個人的な気持ち・判断になっていて、客観的ではない。
	○	販売促進活動では、商品に興味を持ったお客様から、貴重な意見や質問を20件頂くことができ、良かった。

2.「論理的」に書く

前後の意見が矛盾しないように、論理的に書きましょう。

例	×	販売促進活動は経費はかかるが、費用対効果*1は高い。しかし、あまり効果がないので、次回は行わなくても良いと考える。 **理由**：2つの文の意見が矛盾していて、主張が分かりにくい。
	○	販売促進活動は経費はかかるが、費用対効果は高い。よって、次回も行いたいと考える。

＊1 「費用対効果」（➡2-①）

3.「展望」を入れる

学んだことや経験を、今後にどのように生かしていくかについて述べましょう。

例	×	これからも商品キャンペーンを続けていきたい。 **理由**：経験を今後どう生かすかが書かれていない。
	○	今回の商品キャンペーンでお客様から頂いた意見などから、問題点や改善点を整理し、次につなげたい。

なぜそう思う？
理由は？
具体的には？

これからどうしていきたい？

ルール
10

矛盾する　to be inconsistent　矛盾　mâu thuẫn

チェックポイント **3**　所感の内容の流れと文例

How to Structure Your Impressions and Example Sentences　写所感内容时的先后顺序和文例
Trình tự nội dung cảm nghĩ và câu ví dụ

　所感には、自分の意見とその理由を簡潔にまとめます。以下の表を参考にして、流れのある所感を書きましょう。

〈所感の内容の流れと文の例〉

内容	文書	文の例
書き出し ↓	日報・週報・月報	・本日／今週／今月は〜という目標が達成できませんでした／できました。
	研修報告書 出張報告書	・本研修を受けて、〜を学ぶことができました。 ・今回の経験／研修により、〜が理解できました。 ・この経験／研修で、〜の理解／知識を深めることができました。
具体例・原因・理由 ↓	日報・週報・月報	・〜（の点）が問題だと考えます。 ・原因／理由は〜です。 ・〜に改善の余地があると考えます。
	研修報告書 出張報告書	・特に、〜は業務にとても役に立つと思いました。 ・中でも、〜が理解でき、非常にためになりました。 ・〜が学べたことは大変有意義でした。
発見・気づき ↓	日報・週報・月報	・〜と痛感しました。 ・〜することが急務だと考えます。 ・〜が〜するべき課題であることが分かりました。
	研修報告書 出張報告書	・この経験／研修で、〜だと分かりました。 ・〜を〜する必要があると考えました。
意見・展望	日報・週報・月報	・〜までに〜ができるようにしていきたいと思っております。
	研修報告書 出張報告書	・〜することが今後の課題／目標です。 ・〜に精進してまいります。 ・〜をし、今後の業務に生かしていく所存です。

有意義　meaningful　有意义　có ý nghĩa, hữu ích　　　　気づき　realization　注意到　sự nhận thức

以下の「5．報告事項」には事実と意見が一緒に書かれてしまっています。事実を「5．報告事項」、意見を「6．所感」に分けて書きましょう。➡10-①

5．報告事項　　　　　　　　　　　　　　　　　　　　　　　　　　1
　　　・X社へのプレゼンテーション資料作成
　　　　5月16日（金）までに山田課長に提出予定
　　　プレゼンテーションの資料作成は不慣れな面が多く、時間もかかっています。
　　　分かりやすい資料ができるよう、過去の資料に目を通してコツをつかみた　　　5
　　　いと思います。

　　　・新規契約1件（Y社）
　　　　飛び込み営業でY社との新規契約成立
　　　飛び込み営業は第一印象が特に大切だと思い、身だしなみや言葉づかいに細　　10
　　　心の注意を払いました。この点は、今後の営業回りに生かしていきたいと考
　　　えています。

　　　　　　　　　　　　　　　　　　　　　　　　　　　　　　　　以上

●下書きメモ
　　　・報告事項と所感に書く項目は、それぞれいくつありますか。

●解答用紙　WEB

　　5．報告事項

　　6．所感

　　　　　　　　　　　　　　　　　　　　　　　　　　　　　　以上

ルール
10

不慣れ　lack of familiarity　不习惯、不熟悉
　　　　chưa quen, thiếu kinh nghiệm

飛び込み営業　unannounced sales visit　上门推销
　　　　kiểu bán hàng không đặt hẹn trước

身だしなみ　personal appearance　仪表　vẻ bề ngoài

コツ　knack　要领、秘诀　mấu chốt, điểm chính

成立　conclusion　达成　sự ký kết

細心　meticulous　细心　kỹ lưỡng, tỉ mỉ

練習2 次の四角の内容を基に、必要な情報を追加してより良い所感を書きましょう。

➡ 10-①②③

① 日報の所感

> 契約書（p10〜15）の中国語翻訳は、3時間で終える予定でしたが、最後までできませんでした。

●下書きメモ
　・契約書の翻訳が予定時間内に終えられなかった原因は何ですか。
　・次回の目標時間はどの程度ですか。
　・今後の課題は何ですか。
　・翻訳の時間を短くするために、どのようなことをしなければならないと感じていますか。

●解答用紙 [WEB]

[所感]

以上

② 研修報告書の所感

今回の研修でビジネスパーソンとしての身だしなみや挨拶について理解できました。研修は大変勉強になりました。

●下書きメモ
  ・何が勉強になりましたか。
  ・研修で学んだことで、どのような気づきがありましたか。
  ・研修を受けて、これからどのようなことを心がけようと思いましたか。
  ・研修で学んだことを、どのように生かしていきますか。

●解答用紙 [WEB]

［所感］

                                                                以上

ビジネスパーソン　businessperson　商务人员　doanh nhân　　　　心がける　to strive to do something　留心、注意
　　　　　　　　　　　　　　　　　　　　　　　　　　　　　　　　　　　　lưu tâm, cẩn thận

第2章

<ruby>第<rt>だい</rt></ruby> **2** <ruby>章<rt>しょう</rt></ruby>

<ruby>社内文書<rt>しゃないぶんしょ</rt></ruby>を<ruby>作成<rt>さくせい</rt></ruby>する

Writing Internal Documents

撰写公司内部文书

Soạn thảo văn bản nội bộ công ty

社内文書の書式 —書体・文字サイズ・配置—

Internal Document Format: Font, Font Size, Alignment　公司内部文书的格式—字体、文字大小、配置—
Hình thức văn bản nội bộ công ty: kiểu chữ / cỡ chữ / vị trí

ビジネス文書は第一印象も重要です。全体のバランス・見やすさに気を付けましょう。

1. 書体と文字サイズ

ビジネス文書で使われる代表的な書体は、「明朝体」と「ゴシック体」です。基本的に文書全体の書体はそろえて書きますが、明朝体を基本にして、目立たせたい部分にゴシック体を使う場合もあります。文字サイズは10.5pt～12ptが適切です。

書体の種類	○	×
	明朝体　「ありがとう」 ゴシック体　「ありがとう」	ポップ体　「ありがとう」 行書体　「ありがとう」

2. 改行

内容のまとまりで改行し、改行した文の最初は、1文字分空けて書き始めます。

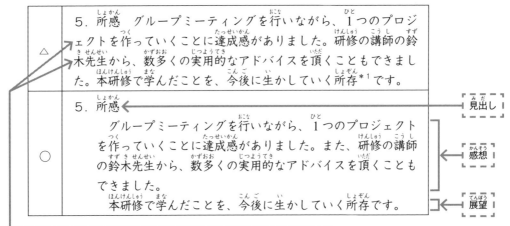

△　5. 所感　グループミーティングを行いながら、1つのプロジェクトを作っていくことに達成感がありました。研修の講師の鈴木先生から、数多くの実用的なアドバイスを頂くこともできました。本研修で学んだことを、今後に生かしていく所存*1です。

○　5. 所感　← 見出し
　グループミーティングを行いながら、1つのプロジェクトを作っていくことに達成感がありました。また、研修の講師の鈴木先生から、数多くの実用的なアドバイスを頂くこともできました。← 感想
　本研修で学んだことを、今後に生かしていく所存です。← 展望

・人や物の名前の途中では、できるだけ行を変えないように気を付ける
・小さい「ェ／ュ／ッ」や長音の「ー」などが行の最初にならないように気を付けると良い

＊1 「所存」（➡4-①）

見やすさ　easiness to read　易看（的程度）　sự dễ nhìn　　改行　starting a new line　換行　sự xuống dòng
実用的　practical　実用的　thực tế, thiết thực

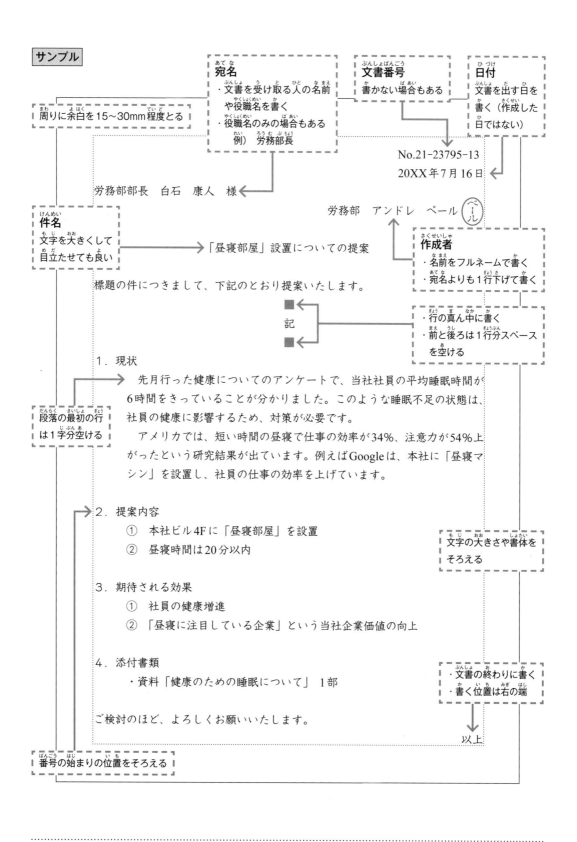

宛名
・文書を受け取る人の名前や役職名を書く
・役職名のみの場合もある
例）労務部長

文書番号
書かない場合もある

日付
文書を出す日を書く（作成した日ではない）

周りに余白を15〜30mm程度とる

No.21-23795-13
20XX年7月16日

労務部部長　白石　康人　様

労務部　アンドレ　ペール　ペール

件名
文字を大きくして目立たせても良い

「昼寝部屋」設置についての提案

作成者
・名前をフルネームで書く
・宛名よりも1行下げて書く

標題の件につきまして、下記のとおり提案いたします。

■
記
■

・行の真ん中に書く
・前と後ろは1行分スペースを空ける

1．現状

段落の最初の行は1字分空ける

　先月行った健康についてのアンケートで、当社社員の平均睡眠時間が6時間をきっていることが分かりました。このような睡眠不足の状態は、社員の健康に影響するため、対策が必要です。
　アメリカでは、短い時間の昼寝で仕事の効率が34％、注意力が54％上がったという研究結果が出ています。例えばGoogleは、本社に「昼寝マシン」を設置し、社員の仕事の効率を上げています。

2．提案内容
　①　本社ビル4Fに「昼寝部屋」を設置
　②　昼寝時間は20分以内

文字の大きさや書体をそろえる

3．期待される効果
　①　社員の健康増進
　②　「昼寝に注目している企業」という当社企業価値の向上

4．添付書類
　・資料「健康のための睡眠について」1部

・文書の終わりに書く
・書く位置は右の端

ご検討のほど、よろしくお願いいたします。

以上

番号の始まりの位置をそろえる

余白　space　空白　khoảng trống　　　　　　宛名　addressee　收件人姓名　người nhận

　日報は、1日の業務についての報告書です。1日の業務内容、問題点、改善策、今後の目標などを「業務内容」「報告事項」「所感」に書きます。

〈日報作成の流れ〉

時間の目標を決める	・書き終えるまでの時間を決める。

メモを書く	・自分が上司なら、どのようなことを報告してほしいかを想像して書く。 ・用紙の3/4以上になるように、書くべき内容を考える。

業務内容を書く	・「何時から何時まで」「何を」「どの程度行ったか」などを簡潔に書く。 ・箇条書きにし、体言止めで書くと良い。

1日のスケジュールを簡潔にまとめる

報告事項を書く	・業務について、詳しく説明したいことや問題点などを書く。 ・「何を」「いつまでに」「どの程度」「どうする」などについて、具体的な数字で示す。 ・見出しを付けて、箇条書きで書くのが望ましい。

事実のみを伝える

所感を書く	・できたことやできなかったこと、その理由や原因について書く。 ・今後どうしていくか、目標は何かについて書く。

自分の意見を述べる

読み返してチェックする	・チェックポイントリストで確認する。（➡コラム2）

※1　書式や項目が会社で決まっている場合は、
　　　会社のルールにしたがって作成しましょう。
※2　週報や月報も、基本的に日報と同じ流れで
　　　作成します。

〈読む人が知りたいことは？〉

・今日は何をどのぐらいしたか。
・目標はどのぐらい達成できたか。
・問題点とその原因は何か。など

上司

日報

文書を書く人

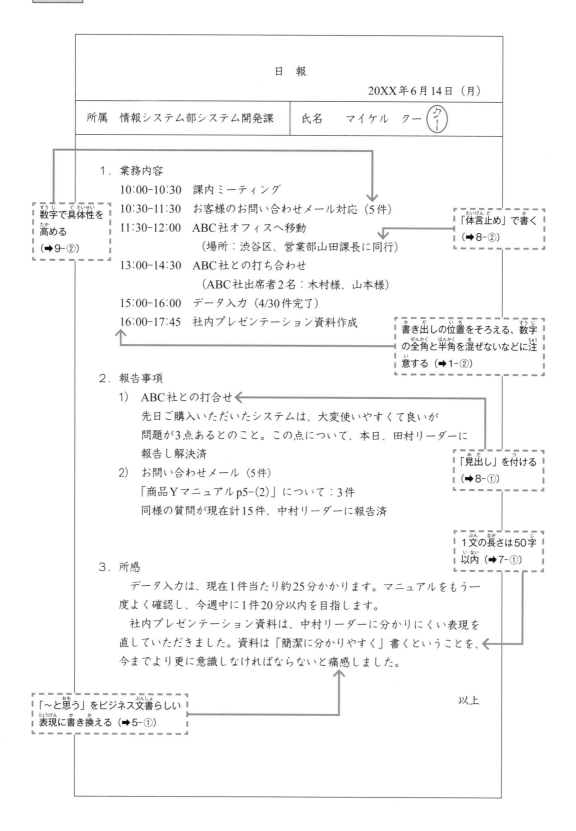

日　報

20XX年6月14日（月）

| 所属 | 情報システム部システム開発課 | 氏名 | マイケル　クー ⑦ |

1．業務内容
　　10:00-10:30　課内ミーティング
　　10:30-11:30　お客様のお問い合わせメール対応（5件）
　　11:30-12:00　ABC社オフィスへ移動
　　　　　　　　　（場所：渋谷区、営業部山田課長に同行）
　　13:00-14:30　ABC社との打ち合わせ
　　　　　　　　　（ABC社出席者2名：木村様、山本様）
　　15:00-16:00　データ入力（4/30件完了）
　　16:00-17:45　社内プレゼンテーション資料作成

数字で具体性を高める（➡9-②）

「体言止め」で書く（➡8-②）

書き出しの位置をそろえる、数字の全角と半角を混ぜないなどに注意する（➡1-②）

2．報告事項
　　1）　ABC社との打合せ
　　　　　先日ご購入いただいたシステムは、大変使いやすくて良いが
　　　　　問題が3点あるとのこと。この点について、本日、田村リーダーに
　　　　　報告し解決済
　　2）　お問い合わせメール（5件）
　　　　　「商品Yマニュアルp5-(2)」について：3件
　　　　　同様の質問が現在計15件、中村リーダーに報告済

「見出し」を付ける（➡8-①）

1文の長さは50字以内（➡7-①）

3．所感
　　　データ入力は、現在1件当たり約25分かかります。マニュアルをもう一
　　度よく確認し、今週中に1件20分以内を目指します。
　　　社内プレゼンテーション資料は、中村リーダーに分かりにくい表現を
　　直していただきました。資料は「簡潔に分かりやすく」書くということを、
　　今までより更に意識しなければならないと痛感しました。

以上

「〜と思う」をビジネス文書らしい表現に書き換える（➡5-①）

練習1 次の情報を基に、日報の「1．業務内容」の項目を完成させましょう。

〈シュさんの1日の業務〉

朝8時45分に会社に着いた。9時から30分間のミーティングで、昨日やったこと、今日やること、問題点について発表した。9時30分から1時間半、A社から来た中国語のメールを日本語に訳して、木村リーダーに渡した。それから、木村リーダーが書いた日本語のメールを、中国語に訳してA社に返信した。11時から12時まで、新しいコピー機を買うための準備をした。A社、B社、C社の3社に連絡をして、見積もりを今週8日（木）までに送ってもらうことにした。13時から田村リーダーに同行して、C社を訪問した。15時半に会社に戻って、16時から1時間、新入社員向けのテレワーク制度説明会に参加した。総務部の人もいて、参加者は7人、場所は4階の第1会議室だった。

●下書きメモ

・何時から何時まで、何をしましたか。（例：9:00-10:00データ処理）
・業務内容について、具体的な数字で表すことができますか。
　（例：10件中4件完了、期限：○日）
・誰と、どこで業務を行いましたか。（例：営業部山田部長に同行、
　2階会議室B）

●解答用紙 WEB

日 報	20XX年7月1日（木）
所属　経理部	氏名　シュ　スーチー

1．業務内容
　　・9:00-9:30

　　・9:30-11:00

　　・

　　・

　　・

2．報告事項

84

練習2 次の情報を基に、日報を完成させましょう。「話し言葉」は「書き言葉」にして
ください。

〈アイリーンさんの1日の業務〉

朝10時から30分間、課内ミーティングで今週の業務の情報共有をした。10時半から12時までお客様からのメール4件に対応した。商品「XY300」についてのお問い合わせが3件で、1件が「VW200」についてのクレーム。新しく買ったのに、壊れていたらしい。中村リーダーがお客様に直接電話をして、新しい商品と交換することになった。私は中村リーダーみたいに、お客様に電話をして問題を解決することは、ちょっと難しいと思う。でも、クレームがあった商品のことは、今日しっかり勉強できた。次は一人で対応できるようにしたいと思う。

1時から2時半まで、営業部の吉田課長と、中村リーダーと私の3人でZ社の件で打合せ。Z社との打合せは、来週8日木曜日の2時から。Z社からは鈴木さんが来る予定。

2時45分から4時までデータ入力。今日は100件のうち、5件しかできなかった。今、1件に15分かかってるけど、目標は1件10分。たぶん、マニュアルを何度も見てるから遅くなってるんだと思う。マニュアルをよく読んで入力方法を覚えたら、10分でできるはず。

4時から5時45分まで、社内プレゼン資料を作った。資料の中で、会社と人の名前を正しく書いてなくて、中村リーダーに注意されてしまった。同じミスをしないように、人とか会社の名前はちゃんと確認しようと思う。明日も頑張ろう！

●**下書きメモ**

■**業務内容**
・何時から何時まで、どこで、誰と、何を、どの程度しましたか。

■**報告事項**
・業務内容に書いた業務の中で、もう少し詳しく報告した方が良い業務は何ですか。

■**所感**
・行った業務で、できなかった点や良くなかった点は何ですか。
・その点について、今後どのようにしていきますか。

日　報	20XX年7月1日（木）
所属　情報システム部システム開発課	氏名　アイリーン　トマ

1．業務内容

2．報告事項

3．所感

以上

研修報告書 Training Report　研修报告书　Báo cáo sau tập huấn

研修報告書は、研修の内容や学んだことと、それを業務にどのように生かしていくかを報告する文書です。読んだ人が研修の結果をイメージしやすいように、作成しましょう。

〈研修報告書作成の流れ〉

時間の目標を決める	・書き終えるまでの時間を決める。
メモを書く	・自分が上司や研修担当者なら、研修を受けた人からどのようなことが知りたいかを想像して書く。 ・用紙の3/4以上になるように、書くべき内容を考える。報告内容が少ないと、研修で学んだことが少なかった印象になるため、注意する。
日付、宛名、作成者を書く	・日付は文書を作成した日ではなく、文書を提出する日を書く。研修を受けたら、できるだけ早く提出する。 ・文書を受け取る人の名前、役職名を書く。 ・役職名に「様」「殿」は付けない。 　　例）× 山本課長様、井上部長殿　→　○ 山本課長、井上部長 ・作成者名は、宛名より1行下げて書く。
件名、定型文を書く	・研修名を正確に書く。 ・研修報告書に合った定型文を書く。（→4-②）
日時、場所を書く	・何月何日、何時から何時までだったかを正しく書く。 ・どこで研修が行われたかを詳しく書く。 　　例）× 本社　→　○ 本社7階会議室B
主催者、担当講師、費用、参加者数を書く	・研修の主催者、担当講師の肩書と名前を正確に書く。 　　※社外の講師の場合、敬称は「氏」（「様」ではない）。 ・セミナー受講料を支払った場合は金額を書く。 ・社内セミナーではない場合、参加企業や参加した人の数が分かれば記入する。

....

主催 organizing　主办　sự tổ chức	肩書 job title　职位　chức vị
敬称 honorific title　敬称　cách gọi tôn kính	

研修内容を書く	・研修で学んだ内容を簡潔にまとめる。箇条書きが望ましい。 ・主観的な意見は書かない。意見は「所感」で述べる。 ・研修の内容が多い場合は基本的な内容のみを書き、配布資料を添付すれば良い。
所感を書く	・研修の内容説明のみにならないように注意する。 ・「ためになった」「良かった」「有意義だった」だけではなく、自分の不足している点は何か、学んだことをどのように生かしていくかなどを具体的に書く。
添付資料を付ける	・研修で配られた資料などがあれば、添付する。
読み返してチェックする	・チェックポイントリストで確認する。(➡コラム2)

※ 書式や項目が会社で決まっている場合は、会社のルールで書きましょう。

〈読む人が知りたいことは？〉

・いつ、どこで、何を学んだのか。
・研修はどうだったか。
・今後の仕事にどのように役立つのか。など

上司　研修担当者

研修報告書

主観的　subjective　主观的　chǔ guān

件名・定型文を入れる（➡4-②）

20XX年8月2日

経理部部長　長野　直樹様

経理部　ソン　テオ

「1日で分かる　経理入門セミナー」受講報告書

このたび、標記研修を受講しましたので、下記のとおりご報告します。

6W4Hを意識する（➡9-①）

記

1．日　時　20XX年7月30日（金）　10：00〜16：00
2．会　場　オンライン開催（本社会議室Bにて受講）
3．主　催　株式会社AZコンサルティング
4．講　師　株式会社AZコンサルティング代表取締役　小宮　恵氏
5．受講料　25,000円
6．参加者　120名
7．内　容
　　1）　経理の基礎的な役割
　　2）　収入・支出の記録方法
　　　　（商品を販売した時、備品を購入した時など）

8．所　感
　　今回のセミナーで、経理についての基礎的な知識を学ぶことがで
　きました。経理に慣れていない人にも分かりやすい内容で、大変有
　意義なセミナーでした。
　　経理についての基礎知識を得たことで、苦手意識が少なくなりま
　した。このセミナーで学んだことを今後仕事に生かしていけるように、
　内容をしっかり復習していく所存です。

内容の始めには「記」、最後に
「以上」と記入する

9．添付書類　セミナー配布資料（1部）

以上

伝わる所感の3つのポイントを
含めて書く（➡10-②）

練習1 次の情報を基に、研修報告書の「4．研修内容」と「5．所感」を完成させましょう。

　　今日は「新入社員ビジネスマナー研修」を受講した。内容は、「ビジネスマナーの基本」「敬語と言葉づかい」「ビジネスコミュニケーションの基本」についてだった。研修では、普段あまり意識していないことがたくさんあって、とても良かった。
　　例えば「ビジネスマナーの基本」では、挨拶と身だしなみについて学んだ。身だしなみは服装だけではなく、態度や表情にも気を付ける必要があるという点がとても印象に残った。「敬語と言葉づかい」は、「お手数ですが」「恐れ入りますが」「恐縮ですが」などの言葉についてだった。これらの言葉は、意味は分かっていても、今まで使ったことは全然なかった。正しく使えるようにしていかなければと強く思った。また、「ビジネスコミュニケーションの基本」では、仕事をうまく進めるためには、「報告・連絡・相談（ホウ・レン・ソウ）」が基本だということを知った。ビジネスの基本を学んで、一社会人としての心構えができた。学んだことをちゃんと身に付けていきたいと思う。

●下書きメモ

■研修内容
・研修で学んだことは何ですか。箇条書きで書きましょう。

■所感
・研修で学んだことから、どのようなことを考えましたか。それはなぜですか。
　具体的に説明しましょう。
・学んだことを、今後どのようにしていきますか。

●解答用紙 WEB

4．研修内容
　1）

　2）

　3）

5．所感

　　　　　　　　　　　　　　　　　　　　　　　　　　　　以上

練習2 あなたは「社内文書作成基礎セミナー」で本テキスト『10の基本ルールで学ぶ外国人のためのビジネス文書の書き方』の第1章（基本ルール10）を学びました。セミナー受講報告書を完成させましょう。

●**下書きメモ**

・セミナーはどのような内容でしたか。

・セミナーはどうでしたか。なぜそう思いましたか。

・セミナーで気が付いたことは何ですか。

・セミナーを受ける前と受けた後で、変わったことはありますか。

・セミナーで学んだことを、これからの業務にどのように生かしていきますか。

労務部長　野口　和子様

労務部

受講報告書

1．日　　時　20XX年4月15日（木）　13：00〜16：00
2．会　　場　オンライン開催（本社5F　第1会議室にて受講）
3．講　　師　株式会社JLOS講師　星野　まゆみ氏
4．内　　容

5．所　感

コラム1 社内メールのポイントとメール送信文例

Key Points for Internal Emails and Example Sentences
公司内部电子邮件的要点和寄送邮件的文例
Những điểm cần lưu ý trong email nội bộ và câu ví dụ khi gửi email

　報告書や議事録などの社内文書は、メールに添付して上司や関係者に提出することもあります。メールを送信する際は、主に以下の点に気を付けましょう。

〈例：議事録のメール送信文〉

差出人　chen_m@xx.co.jp
宛先　shirakawa_t@xx.co.jp; sasaki_o@xx.co.jp;
　　　kino_s@xx.co.jp
件名　1月7日打合せ議事録のご送付

┌─────────────────────────┐
│ 20210107打合せ議事録.docx ▾ │
└─────────────────────────┘

内定者研修検討メンバー各位

お疲れ様です。
人事部のチェンです。

早速ではございますが、
昨日の打合せ議事録を作成いたしましたので
添付にてお送りいたします。

お忙しいところ大変お手数ですが、
補足・修正等がないか、ご確認ください。

お目通しのほど、よろしくお願いいたします。

＝＝＝＝＝＝＝＝＝＝＝＝＝＝
人事部　チェン　マリコ
E-mail: chen_m@xx.co.jp
TEL: 03-1234-5678（内線：25）
＝＝＝＝＝＝＝＝＝＝＝＝＝＝

件名
1日に多くのメールを受信する人でも、件名を読んですぐに内容が分かるように、具体的に書く
△　打合せ議事録のご送付
→　○　1月7日打合せ議事録のご送付

宛名
組織や人の名前を間違えていないか、よく確認する
×　営業部　白川部長様　→　○　営業部　白川部長
　（役職名に様は付けない）
×　営業部の皆様　→　○　営業部各位

主な内容
自分の所属・氏名の次に、伝えるべきことをすぐに書く
△　今週もご指導いただき、ありがとうございました。
　　9月5日～9日の週報を提出いたします。
→　○　9月5日～9日の週報を提出いたします。

〈そのほかの表現〉
・お手数ですがご確認いただき、ご不明点がございましたらご連絡ください。
・何かご不明な点などがございましたら、恐れ入りますがお問い合わせ下さい。

終わりの挨拶
〈そのほかの表現〉
・（お忙しいところ恐縮ですが、）お目通しいただければ幸い／幸甚です。
・ご査収のほど、よろしくお願いいたします。

署名
メールの最後に送った人の情報（部署名、氏名、メールアドレス、内線番号など）を書く

　メールを送信する前には、件名や宛名、文の内容、ファイルの添付について、もう一度確認しましょう。

お目通し　looking through (honorific expression)　过目（敬语）　sự đọc lướt qua (kính ngữ)

幸甚　being much appreciated　幸甚、荣幸　cảm kích, biết ơn

ご査収　checking and receiving (honorific expression)
查收（敬语）　sự kiểm tra và tiếp nhận (kính ngữ)

議事録には、会議で話し合われたこと、決まったこと、次回までにすべきことを簡潔にまとめます。会議後に関係者が内容を確認する文書のため、情報不足や間違いに十分に気を付けなければなりません。文体は「だ・である体」を使いましょう。

〈議事録作成の流れ〉

会議中にメモを取る	・会議のテーマ、目的、ゴールをよく理解していると、議事録に書かなければならない内容をメモしやすい。 ・配布資料がある場合は、資料にメモ書きすると、ポイントが整理しやすくなる。
時間の目標を決める	・書き終えるまでの時間を決める。
作成日、作成者を書く	・日付は議事録を提出する日を書く。基本は会議の当日、遅くても会議の翌日には提出する。 ・宛名は人名、役職名を必ず確認して、ミスがないようにする。 ・作成者名は、宛名より1行下げて書く。 ・内容のチェックを受けた場合は、承認者の名前を書く（押印の場合もある）。
会議名を書く	・何の会議かがすぐに分かるような会議名を書く。 　例)　△　企画会議議事録 　　→　○　新商品XYZ販売企画会議議事録
日時、場所、出席者、途中退席者、欠席者を書く	・何月何日、何時から何時までだったかを正しく記入する。 ・どこで会議が行われたかを詳しく書く。 ・出席者は、役職が上の人から順に書く。出席者が多い場合は「関係者各位」と書く。
議題を書く	・会議で何が話し合われたかを簡潔に書く。 ・箇条書きで書くのが望ましい。

> 会議の基本情報
> （いつ・どこで・誰と・何の会議をしたかなど）を書く

押印　putting one's seal to　盖章　sự đóng dấu

退席　leaving　退席　sự rời đi (khỏi ghế, phòng)

決定事項、検討事項を書く	・決まったことと検討することを区別して書く。 ・欠席した人があとで読んでも内容が分かるように書く。 ・箇条書きで書くと良い。

> どのような内容が決まり、何が検討中かを書く

そのほかの意見・アイデアを書く	・会議後に議事録を読んで、新しいアイデアにつながることもあるため、書いておくと良い。

次回会議の日時・場所を書く	・情報不足、間違いがないように正確に書く。 ・現在決まっていないことをあとで連絡する時は、「○○は追って連絡」と書く。

添付資料を付ける	・会議で配布された資料があれば付ける。

読み返してチェックする	・チェックポイントリストで確認する。（➡コラム2）

※ 書式や項目が会社で異なる場合もあります。作成前に会社の書式について確認しましょう。

〈読む人が知りたいことは？〉

> ・会議で決まったことは何か。
> ・誰がその仕事をするのか。
> ・なぜそう決まったのか。
> ・次の会議までに準備しておくことは何か。など

文書を書く人　　議事録　　会議の関係者

サンプル

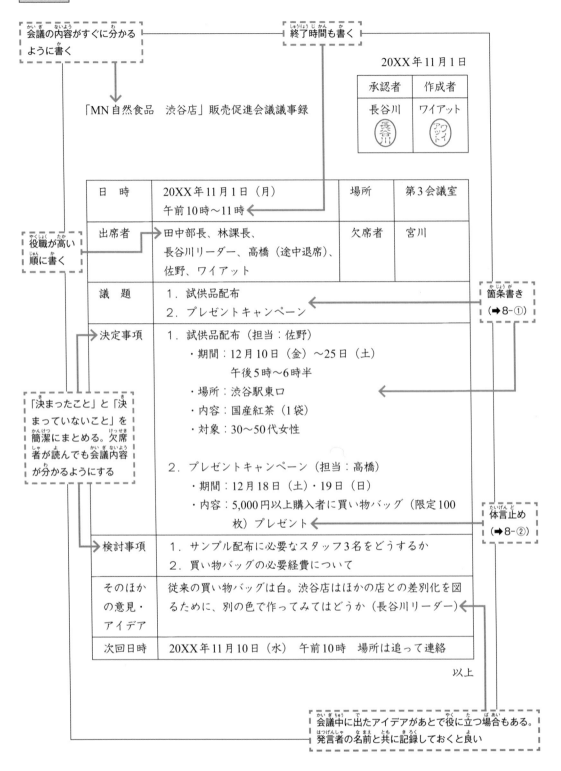

会議の内容がすぐに分かる
ように書く

終了時間も書く

20XX年11月1日

承認者	作成者
長谷川	ワイアット

「MN自然食品　渋谷店」販売促進会議議事録

日　時	20XX年11月1日（月）午前10時～11時	場所	第3会議室
出席者	田中部長、林課長、長谷川リーダー、高橋（途中退席）、佐野、ワイアット	欠席者	宮川
議　題	1．試供品配布 2．プレゼントキャンペーン		
決定事項	1．試供品配布（担当：佐野） ・期間：12月10日（金）～25日（土） 　　　午後5時～6時半 ・場所：渋谷駅東口 ・内容：国産紅茶（1袋） ・対象：30～50代女性 2．プレゼントキャンペーン（担当：高橋） ・期間：12月18日（土）・19日（日） ・内容：5,000円以上購入者に買い物バッグ（限定100枚）プレゼント		
検討事項	1．サンプル配布に必要なスタッフ3名をどうするか 2．買い物バッグの必要経費について		
そのほかの意見・アイデア	従来の買い物バッグは白。渋谷店はほかの店との差別化を図るために、別の色で作ってみてはどうか（長谷川リーダー）		
次回日時	20XX年11月10日（水）　午前10時　場所は追って連絡		

以上

役職が高い
順に書く

箇条書き
（➡8-①）

「決まったこと」と「決
まっていないこと」を
簡潔にまとめる。欠席
者が読んでも会議内容
が分かるようにする

体言止め
（➡8-②）

会議中に出たアイデアがあとで役に立つ場合もある。
発言者の名前と共に記録しておくと良い

96

練習1 以下は、2021年度内定者研修についての打合せメモの一部です。メモを基に、議事録の「決定事項」「検討事項」「そのほかの意見・アイデア」を完成させましょう。

3

議事録

～2021年度内定者研修～　　　　　　　　　　　　　　　　　　　　　1

〈決まったこと〉✓研修期間　2020.10.1(木)-2021.3.12(金)

✓研修ですること・社内文書ライティング、ビジネスマナー入門　←担当：社外講師
　　　　　　　　・ビジネスコミュニケーション入門、グループワーク（新商品企画）
　　　　　　　　　←担当：人事部　　　　　　　　　　　　　　　　　　　　　　5

✓今回から全部オンライン研修

〈これから決めること〉✓社外の講師は従来と同じでOKか？　→　ほかの講師、費用
について調べて次回報告（木村リーダー）

✓オンライン研修で何か問題がありそうか？　オンライン研修だから新しくできるセミ
ナーがあるか？　次回までにまとめる（中村さん）　　　　　　　　　　　　　10

✓入社してからの新入社員研修内容は次回話し合う

〈そのほか〉✓テレワークについての研修があったら、内定者以外の社員も参加できる
んじゃないか？（山田課長）

●下書きメモ
　■決定事項
　　・打合せで決まったことは何ですか。

　■検討事項
　　・これから決めることは何ですか。担当者はいますか。

　■そのほかの意見・アイデア
　　・何か意見が出ましたか。誰が言いましたか。

〈決定事項〉

　　・研修期間：

　　・研修内容：

〈検討事項〉

〈そのほかの意見・アイデア〉

練習2 企画部の3人が、社内新聞について打合せをしています。次の会話を基に、議事録を完成させましょう。

木村リーダー：それでは、今の社内新聞の課題とその改善策について、グエンさん、どう思いますか。

グエン：今の社内新聞は、社員の皆さんにあまり読まれていないようです。それから、社内新聞に書く情報が集めにくいことも、問題だと思います。

中山：私も、グエンさんと同じ意見です。ただ、社内新聞を書いている私たちだけだと、気が付かないこともあると思うので、社員の皆さんに、社内新聞についてのアンケートをしてみてはどうでしょうか。

木村リーダー：いいですね。いろいろな発見がありそうだし。

グエン：じゃあ、私はアンケートの質問を作って、来週7月9日の金曜日、13時までにお2人にメールします。内容をチェックしてもらって、できれば、13日の火曜日に皆さんにアンケートを送るという流れはどうですか。

木村リーダー：いいですね。アンケートの回答期限は1週間後の20日（火）17時までにしましょう。

中山：先ほど話していた社内新聞の情報が集めにくい点なんですが、これはもう少し私たちでも考えてみたいと思います。それから、皆さんにもっとよく読んでもらうために、紙ではなく、WEB社内新聞に変えてみることもいいんじゃないかと思いますが。

木村リーダー：じゃあ、それらについては次回7月23日（金）に話し合いましょう。今日と同じ時間と場所でいいですか。

グエン：はい。それでは、議事録は今日欠席の西村さんも入れて、皆さんに今日中にお送りします。

●**下書きメモ**

・何についての打合せですか。打合せ名を考えましょう。

・誰が出席しましたか。欠席した人はいますか。

・どのようなことを話し合いましたか。

・決まったこと、これからすることは何ですか。

・ほかに何か良いアイデアがありましたか。

・次の会議はいつ、どこでしますか。

20XX 年 7 月 2 日

_____ 議事録

作成者　企画部　グエン　ロン

日　時	20XX 年 7 月 2 日（金）13 時～13 時 30 分	場所	会議室 B
出席者		欠席者	
議　題			
決定事項			
検討事項			
次回日時・場所			

以上

りんぎしょ
稟議書　Circular Requesting Approval from Several People　书面请示　Văn bản luân chuyển nội bộ

稟議書は、金額の高い物の購入や新規取引などについて、複数の人の承認を得るための文書です。内容に少しでも不明な点があると、承認が得られにくくなります。必要な情報が書かれているかをしっかり確認しましょう。

〈稟議書作成の流れ〉

時間の目標を決める	書き終えるまでの時間を決める。
メモを書く	・自分が承認する立場なら、どのようなことが分かれば承認できるかを想像する。
起案日、宛名、起案者などを書く	・起案日は稟議書を提出する日を書く。文書番号を書く場合もある。 ・誰の承認を得なければならないかをしっかり確認する。 ・特定の宛名を書かず、承認者全員の押印欄を作成することもある。 ・起案者の所属と氏名を書く。
件名、定型文を書く	・一目で何についてかが分かる件名にする。 ・稟議書に合った定型文を書く。（➡4-②）
目的、理由、効果などを書く	・「何のために」「なぜ」必要かについて詳しく書く。 ・会社にどのような効果があるかについて詳しく書く。 ・ほかと比べて、なぜそれが良いかという理由を示す。 ・内容がすぐに分かるように、箇条書きで書くのが望ましい。
製品名、価格、購入先、購入数などの必要な情報を書く	・「何を」「いくらで」「いくつ」「どこから」などの情報を明確に書く。 ・情報不足にならないように注意する。 ・稟議の内容で書く項目は異なる。 　例）セミナーに参加したい場合の項目： 　　「セミナー名」「場所」「主催者」「受講目的」「費用」など

承認を得られるように、理由や効果を明確に書く

6W4Hを意識して必要な情報を書く

起案　drafting of a proposal　起草　soạn kế hoạch, đề xuất

| 添付資料を付ける | ・費用がかかる場合は、見積書や資料を付ける。 |
| 読み返してチェックする | ・チェックポイントリストで確認する。（➡コラム2） |

※　書式や項目が会社で異なる場合もあります。作成前に会社のルールについて確認しましょう。

〈読む人が知りたいことは？〉

・何について承認してもらいたいのか。

・なぜそうしたいのか。

・どのような効果、メリットがあるのか。

・ほかと比べてどう違うのか。

・問題点、デメリットはないか。など

稟議書

責任者

文書を書く人

承認が得られるまでに1か月程度かかる場合もある。スケジュールの管理に気を付ける

起案No: 20-15332

非常用保存水の購入について

起案日：20XX年9月1日
起案者：管理部　マリー　ウィリアムス

下記の件につきまして、ご承認くださいますようお願い申し上げます。

記

1．内容：　非常用保存水（2L、賞味期限10年）購入

お金をかける必要性やメリットを簡潔に書く

2．理由：　非常用保存水が本年12月末で期限がきれるため、新しく購入し、非常時に備えたい。

箇条書き（➡8-①）

3．効果：　・非常用に十分な水を用意し、社員の安全を守る。
　　　　　　・従来の保存水と比べ、1本当たり80円高くなるが、期限が5年長くなり、経費の削減になる。

良い面だけでなく、悪い面も入れてまとめると良い。悪い面は、読む人の知りたいポイントの一つ

4．購入先：　株式会社アサダ

5．購入数：　2,500本

6．発注額：　75万円（300円×2,500本、消費税および送料込）

7．添付資料：見積書（株式会社アサダ、中村用品株式会社）　各1部

以上

回覧	役員	本部長	経理部	総務部	管理部

関係する責任者の押印（又はサイン）が全てもらえたら、実行することができる

4

稟議書

練習1 例を参考にして、以下の【件名】【理由】【効果】を完成させましょう。

例) プリンタが壊れてしまったので新しく買いたい。

【件名】（　プリンタ購入　）

【理由】プリンタが故障し、（　業務に支障が出ている　）ため、早急な対策が必要です。

1) 今のセキュリティソフトでは対応できない問題があるため、新しいセキュリティソフトを導入したい。

【件名】（　　　　　　　　　　　　　　　　　　）

【効果】今年に入り、「迷惑メール」の数が昨年の同じ月の倍になりました。
（　　　　　　　　　　　　　　　　）で、（　　　　　　　　　　　　　　　　　　　　　）
が期待できます。

2) 年末のセールに向けて、臨時に学生アルバイトを雇いたい。

【件名】（　　　　　　　　　　　　　　　　　）

【理由】12月15日から30日のセールでは、1日の来店者数が300人を超え、
（　　　　　　　　　　　　　　　　　　　）ため、臨時の学生アルバイトで
対応したいと考えます。

3) 新入社員と先輩社員が親睦を深めるために、新入社員歓迎会を開催したい。

【件名】（　　　　　　　　　　　　　　　　　）

【効果】新入社員歓迎会を開催し、（　　　　　　　　　　　　　　　　　　）ことで、
（　　　　　　　　　　　　　　　　　）が期待できます。

練習2　管理部のマリーさんは、コピー機のリース契約が今年12月に終了するのを機に、ほかのリース会社と契約したいと思っています。次の会話を基に、稟議書を完成させましょう。

木下：　マリーさん、コピー機「レノンBX-200」のリース契約の件、どうなった？

マリー：A社とB社とC社に相みつを取ったんですが、1枚当たりのコピー代が違っていました。B社が1.6円、C社が1.0円。今リースしているA社は1.8円です。「レノンBX-200」は最新のコピー機なので、今のものよりも性能は良くなります。これを機にリース会社を変えた方が良いと思いますが……。

木下：　そう。ところで、毎月のリース代は？

マリー：B社が15,000円、C社が17,500円、どちらも税込です。サービス内容はどちらも今までと同じです。

木下：　B社もC社もA社の月20,000円よりは安いんだね。

マリー：うちの会社では、毎月だいたい5,000枚のコピーをしているので、リース代を考えても、1枚のコピー代が安いC社が妥当ではないかと思います。

木下：　そうだね。経費削減にもなるし、C社とコピー機1台の新規リース契約をすることで、稟議書を書いてください。「レノンBX-200」のカタログと、見積書を忘れずに添付してくださいね。

●下書きメモ

・表の中に金額を入れ、今のリース会社とA社、B社を比べてみましょう。

	コピー代/枚	コピー代　5,000枚/月	リース代/月	月の費用の合計
A社 （現在契約中）	¥1.8	¥1.8 × 5,000 ＝ ¥9,000	¥(a.　　)	¥(b.　　　)
B社	¥1.6	¥1.6 × 5,000 ＝ ¥8,000	¥15,000	¥23,000
C社	¥(c.　　)	¥(d.　　) × 5,000 ＝ ¥(e.　　)	¥(f.　　)	¥(g.　　)

・どのようなことを承認してもらいたいですか。

・どのような効果が期待できますか。

・「何を」、「いくつ」しますか。「いくら」ですか。今までといくら違いますか。

・添付書類はありますか。

起案No: 20-15333

コピー機の新規リース契約について

起案日：20XX年9月12日

起案者：管理部　マリー　ウィリアムス

記

1．内容

2．効果

3．機種・数量

4．費用
・月に5,000枚コピーするとした場合、
　月額リース代　¥＿＿＿＿＿＿＿＿＿　（現在：¥＿＿＿＿＿＿＿＿＿）
・コピー代　¥＿＿＿＿＿／枚（現在：¥＿＿＿＿＿／枚）

5．契約先
株式会社C社

6．添付資料

以上

回覧	役員	本部長	経理部	総務部	管理部

提案書は、社内で改善したいことや、業務効率を上げるためのアイデアなどを上司に伝える文書です。提案の内容、理由、現状の問題点、効果などを簡潔にまとめます。提案書は客観的な立場で提案しましょう。

〈提案書作成の流れ〉

| 時間の目標を決める | ・書き終えるまでの時間を決める。 |

| メモを書く | ・自分が提案される立場なら、どのようなことが分かれば承認できるかを想像する。
・用紙の3/4以上になるように、書くべき内容を考える。 |

| 作成日、宛名、作成者を書く | ・宛名は人名、役職名をしっかり確認する。
・複数の承認が必要な場合は、特定の宛名は書かない。
・宛名を書く場合、作成者名は宛名より1行下げて書く。 |

| 件名、定型文を書く | ・一目で何についての提案かが分かる件名にする。
・提案書に合った定型文を書く。(➡4-②) |

| 提案内容を書く | ・改善したい内容、業務の効率を上げるためにしたいことなどについて、具体的に書く。
・見出しを付けて、箇条書きで書くのが望ましい。 |

| 現状と問題点を書く | ・現在起こっている問題、提案の理由について書く。
・問題点は「なぜこの提案が必要か」という質問の答えになるように書く。
・ポイントをまとめて、箇条書きで書くと分かりやすい。 |

| 期待される効果を書く | ・会社にどのような効果があるかを具体的に書く。
・箇条書きで書くと良い。 |

提案の理由やその効果をしっかり書く

| 必要経費、購入先、購入数などを書く | ・経費がかかる場合は、「何を」「いくらで」「どこから」「いくつ」などの情報を具体的に書く。 | 6W4Hを意識して情報不足にならないように注意する |

| 添付資料を付ける | ・経費がかかる場合は、必ず見積書を付ける。
・提案内容に関係する資料があれば付ける。 |

| 読み返してチェックする | ・チェックポイントリストで確認する。（➡コラム2） |

※　書式や項目が会社で異なる場合もあります。作成前に会社のルールについて確認しましょう。

〈読む人が知りたいことは？〉

・どのような提案か。
・なぜこの提案が必要か。
・メリットがあるか。
・いくらかかるか。など

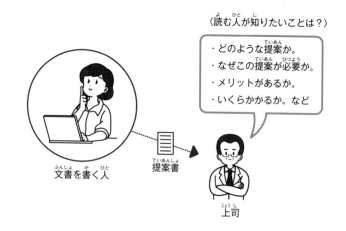

文書を書く人

提案書

上司

20XX年2月25日

総務部長　中西　浩二様

総務部　レイチェル　ジン

「個人用食事スペース」導入についての提案

　標題の件につきまして、下記のとおり提案します。ご検討のほど、よろしくお願いいたします。

「結論」を最初に述べる

記

箇条書きにする（➡8-①）

1．提案内容
　4階の会議室Aを「個人用食事スペース」にする。
　①　会議室の机を個人用の机に変更する。
　②　電子レンジを設置する。
　③　使用時間は午前8時から午後8時までとする。

問題点の批判ばかりにならないようにする。今よりも良い方向に進むという言い方でまとめると良い

2．現状と問題点
　①　現在、社内で昼食を取る場所は自分の机のみである。このため、仕事をしている周りの上司や同僚に気を使いながら昼食を取らなければならないことがある。
　②　テレワークの社員が増え、使わなくなった会議室も増えたが、賃料は従来どおりである。未使用の会議室の有効活用が必要である。

3．期待される効果
　①　社員満足度の向上
　②　未使用スペースの有効活用

できるだけ体言止め（➡8-②）を使うと良い

4．必要経費
　¥142,800（税込）
　・机：　　　　　¥123,000（20台、株式会社オフィス用品）
　・電子レンジ：　¥19,800　（1台、KAMIYA株式会社）

提案のために必要な経費がある場合は必ず示す

5．添付資料
　・見積書（机、電子レンジ）　　各1部
　・カタログ（机、電子レンジ）　各1部

以上

・要点を整理する
・「～だろう」「～と思う」などの曖昧な表現は使わない

5
提案書

次の会話を基に、提案書を完成させましょう。

タン： 課長、1つ提案があるんですが、今使っているタイムカードをやめて、勤怠管理システムの導入を検討してみてはどうでしょうか。

鈴木課長：勤怠管理システム？

タン： はい。今、全100名の社員の情報をPC入力するのに、毎月、2人のスタッフが1日かけて作業しています。でも、勤怠管理システムを使えば、この毎月の作業は必要がなくなります。これは、人件費の削減と業務の効率化になります。また、使用済みタイムカードを3年間保管しなくても良くなります。今、保管用の棚は4台ありますが、システム導入で、棚が空きます。これで、オフィスにファイルを入れる場所が少ないという問題も解決できると思うんです。

鈴木課長：そうだね……。

タン： この「ジョブキンタ」というシステムはとても良いと思います。勤怠だけじゃなく、日報も管理できます。しかも、ほぼ同じ内容の他社システム2つと比べて、ジョブキンタが一番安いんです。社員1人当たり、月額180円です。年間では、税込21万6千円かかります。これに対してタイムカードは、カードとインク代で年間税込1万5千円ですが、1人当たり1日1万円の毎月の人件費を考えれば、経費削減になります。

鈴木課長：なるほど。じゃあ、今の話を提案書にまとめてみて。見積書、それからジョブキンタと他社システムの資料を添付してね。

● 下書きメモ

・どのようなことを提案しますか。
・現状の問題点は何ですか。
・どのような効果が期待できますか。
・添付資料はありますか。
・表の中に金額を入れ、タイムカードと勤怠管理システム「ジョブキンタ」の年間経費を比べてみましょう。

タイムカード	カード・インク代	¥15,000	
	人件費	1日¥(a.)×(b.)名 ×12か月＝¥(c.)	¥(d.)/年
ジョブキンタ	月額 ¥(e.)×(f.)名×12か月		¥216,000/年

....

勤怠　work attendance or absence　考勤　sự đi làm và nghỉ làm　　保管する　to store　保管　cất giữ

20XX年2月25日

労務部課長　鈴木　あさみ　様

労務部　ブライアン　タン

_____についての提案

標題の件につきまして、提案いたします。ご検討いただきたく、お願い申し上げます。

記

1．提案内容

2．現状と問題点

3．期待される効果

4．必要経費
　・¥_____/年（現在：¥_____/年、いずれも税込）

5．添付資料

以上

練習2 あなたの職場（又は学校）では、電気代が年々高くなり続けています。電気代削減についての提案書を書きましょう。

●下書きメモ

・提案書は誰に提出しますか（部の名前や役職は想像して書きましょう）。

・提案書にどのような定型文を書きますか。

・どのようなことを提案しますか。

・電気代の現状はどうですか。何が問題ですか。

・どのような効果が期待できますか。

・費用はかかりますか。いくらですか。金額などを想像して書きましょう。

・添付資料はありますか。

年　　月　　日

_____ についての提案

記

1．提案内容

2．現状と問題点

3．期待される効果

4．必要経費

5．添付資料

以上

5

提案書

コラム2　ミスをなくすための25のチェックポイントリスト

List of 25 Key Points for Eliminating Mistakes

避免差错的25个核对重点列表

Danh sách 25 điểm cần kiểm tra để loại bỏ sai sót

作成した文書をあとでもう一度読むと、ミスが見つけやすくなります。提出前に、25のチェックポイントを活用しましょう。

		チェックポイント	ルール
語彙・表現・文法	1	文体は「です・ます体」か「だ・である体」で統一されているか。	1-①
	2	「1」と「一」など、数字の表記が混ざっていないか。	1-②
	3	カタカナ語や送り仮名はそろえて書いているか。	1-②
	4	カタカナ語を使いすぎていないか。	2-①
	5	「！」「？」「(^^)」などの記号を使っていないか。	2-②
	6	「たくさん」「すごく」などの「話し言葉」を「書き言葉」にしたか。	3-①
	7	「スマホ」「コスパ」など、言葉の一部を短くしていないか。	3-②
	8	「しようと思う」「一生懸命努力する」などをビジネスらしくしたか。	4-①
	9	文書の内容に合った件名、定型文を書いているか。	4-②
	10	文の終わりで「～と思う」を何度も使っていないか。	5-①
	11	「必ず必要」「まだ未定」など、同じ意味の言葉が重なっていないか。	5-②
	12	主語と述語の関係は正しいか。	6-①
	13	文を正確に理解するのに必要な主語や目的語を省いていないか。	6-②
	14	理由や原因を表す「ので」「ため」などは1文に1つか。	6-③
	15	1文の長さは50字を超えていないか。	7-①
	16	適切な位置で読点（、）を打っているか。	7-②
	17	「とりわけ」「かつ」などの接続を表す表現を使っているか。	7-③
	18	複数の項目を「見出し」と「箇条書き」で表しているか。	8-①
	19	「体言止め」を使って文を短くしているか。	8-②
	20	「誰が」「いつ」「何を」などの「6W4H」を具体的に示しているか。	9-①②
	21	数字や人、物の名前は正確か。	9-③
	22	「これ」「それ」「あれ」はなるべく使わないようにしているか。	9-④
内容	23	「事実」と「自分の考え」を分けて書いているか。	10-①
	24	所感では判断とその理由を具体的、客観的、論理的に述べているか。	10-②
	25	所感は流れのあるものになっているか。	10-③

語彙リスト Vocabulary List　词汇表　Bảng từ vựng

あ

曖昧 ［あいまい］	vague	曖昧	mơ hồ	67
相見積もり ［あいみつもり］	competitive estimate	（在同等条件下由几家公司开出的）估价单	bảng chào giá cạnh tranh	23
空ける ［あける］	to open up (a space)	空（格）	chừa	49
宛名 ［あてな］	addressee	收件人姓名	người nhận	81
粗利 ［あらり］	gross profit	毛利	biên lợi nhuận gộp	57
アルバイト	part-time job	打工	việc làm thêm	23
アンケート	questionnaire	问卷调查	bảng câu hỏi	27

い

言い換える ［いいかえる］	to rephrase	换句话说	thay đổi cách dùng từ	14
意外 ［いがい］	unexpected	意外	ngoài dự đoán	66
生かす ［いかす］	to make use of	有效地利用	vận dụng	10
いくつか	several	有几个	một vài	65
居酒屋 ［いざかや］	*izakaya* (Japanese-style pub)	小酒馆	quán rượu	63
一社会人 ［いちしゃかいじん］	a working professional	社会一员	một người lao động	31
一両日中 ［いちりょうじつちゅう］	in a day or two	一两天以内	trong một, hai ngày	65
以来 ［いらい］	since	以来	từ khi	66
色分けする ［いろわけする］	to color-code	用颜色分类	phân chia theo màu	62
インターネット	internet	互联网	internet	23
インバウンド	inbound	入境旅游	việc du lịch đến nước sở tại (từ nước ngoài)	51
引用 ［いんよう］	quotation	引用	sự trích dẫn, câu trích dẫn	15

う

| 打つ ［うつ］ | to place | 打上 | đặt | 15 |
| 運送 ［うんそう］ | transport | 运送 | sự vận chuyển | 42 |

え

駅長 ［えきちょう］	station master	车站站长	trưởng ga	51
得る ［える］	to obtain	得到	nhận được, thu được	45
円滑 ［えんかつ］	smooth	顺利	trôi chảy, thuận lợi	29

お

| 押印 ［おういん］ | putting one's seal to | 盖章 | sự đóng dấu | 94 |

応対 ［おうたい］	receiving	应对	sự tiếp nhận	10
大型 ［おおがた］	large-sized	大型	cỡ lớn	25
多め ［おおめ］	more than usual	略多一些	nhiều về lượng	65
送り仮名 ［おくりがな］	hiragana suffixes for kanji	送假名（跟随在汉字后面的平假名）	đuôi kana của Hán tự	9
訪れる ［おとずれる］	to visit	访问	thăm	58
お目通し ［おめどおし］	looking through (honorific expression)	过目（敬语）	sự đọc lướt qua (kính ngữ)	93

か

買い換え ［かいかえ］	replacement purchase	购买替换品	sự mua mới (thay cái cũ)	38
改行 ［かいぎょう］	starting a new line	换行	sự xuống dòng	80
介護 ［かいご］	nursing care	护理	sự chăm sóc	18
開催 ［かいさい］	holding	举办	sự khai mạc	28
改定 ［かいてい］	reform	重新制定	sự sửa lại	53
回答 ［かいとう］	response	回答	câu trả lời	14
開発 ［かいはつ］	development	开发、开辟	sự phát triển, sự khai thác	17
外来語 ［がいらいご］	loanword	外来语	từ ngoại lai	9
回覧 ［かいらん］	circular	传阅	sự truyền nhau để đọc	63
下記 ［かき］	following	下列、下述	được ghi bên dưới	19
書き言葉 ［かきことば］	written language	书面语	văn viết	20
各位 ［かくい］	everyone	各位	toàn thể (người)	63
隔週 ［かくしゅう］	every other week	隔周	hai tuần một lần	37
獲得 ［かくとく］	acquisition	获得、取得	sự thu nhận	42
確認する ［かくにんする］	to confirm	确认	xác nhận, kiểm tra	8
格安 ［かくやす］	very low cost	廉价	giá hời	31
重なり ［かさなり］	repetition	重复、重叠	sự trùng lặp	35
箇条書き ［かじょうがき］	bullet point	写条款	sự phân mục	56
課題 ［かだい］	challenge	课题	vấn đề cần giải quyết	36
肩書 ［かたがき］	job title	职位	chức vị	87
肩こり ［かたこり］	shoulder stiffness	肩膀酸痛	chứng cứng vai và cổ	25
カタログ	catalog	目录	ca-ta-lô	19
各国 ［かっこく］	each country	各国	các nước	45
活発 ［かっぱつ］	active	活跃、活泼	tích cực, sôi nổi	71
合併 ［がっぺい］	merger	合并	sự hợp nhất	44
カフェ	café	咖啡厅	quán cà phê	51
株式会社 ［かぶしきがいしゃ］	company limited	股份有限公司	công ty cổ phần	7
がん	cancer	癌	bệnh ung thư	41
簡潔さ ［かんけつさ］	conciseness	简洁	tính ngắn gọn, súc tích	2

作成する [さくせいする]	to draw up, to write	作成	soạn thảo	2
算用数字 [さんようすうじ]	Arabic numeral	阿拉伯数字	số Ả Rập	9

し

至急 [しきゅう]	urgently	火急	khẩn, hỏa tốc	65
始業 [しぎょう]	start of work	开始工作	sự bắt đầu làm việc	62
試供品 [しきょうひん]	free sample	试用品	hàng dùng thử	38
システム	IT system	系统	hệ thống	29
システムエンジニア	systems engineer	系统工程师	kỹ sư hệ thống	43
実用的 [じつようてき]	practical	实用的	thực tế, thiết thực	80
シニア	senior	老资格的	cấp cao	61
就業時間 [しゅうぎょうじかん]	working hours	工作时间	giờ làm việc	65
従来 [じゅうらい]	until now	以前	từ trước đến nay	47
主観的 [しゅかんてき]	subjective	主观的	chủ quan	88
受講 [じゅこう]	receiving training	听讲	sự tham dự buổi học	7
主催 [しゅさい]	organizing	主办	sự tổ chức	87
受診 [じゅしん]	undergoing a health check	接受诊治	sự được khám bệnh	41
受信 [じゅしん]	reception	接收	sự tiếp nhận (thư từ, tín hiệu)	43
主題 [しゅだい]	subject	主题	chủ đề	49
出欠 [しゅっけつ]	attendance or absence	出席与缺勤	sự có mặt và vắng mặt	14
出社 [しゅっしゃ]	going to the office	上班	sự đến công ty	53
出展する [しゅってんする]	to exhibit	展出	đưa ra triển lãm, trưng bày	33
消去する [しょうきょする]	to delete	消除	xóa đi	43
上司 [じょうし]	superior	上级	cấp trên	3
商談 [しょうだん]	business discussion	洽谈	cuộc đàm phán kinh doanh	71
消耗品 [しょうもうひん]	consumable item	消耗品	vật tư tiêu hao	13
所感 [しょかん]	impression	所感	cảm nghĩ của mình	7
書式 [しょしき]	format	格式	hình thức văn bản	48
所属 [しょぞく]	affiliation	所属	sự trực thuộc	19
新規 [しんき]	new, newly	新	mới, lần đầu	15
人件費 [じんけんひ]	personnel expenses	人工费	chi phí nhân công	24
人材 [じんざい]	personnel	人才	nhân tài	61
人事 [じんじ]	human resources	人事	nhân sự	24
新設 [しんせつ]	new establishment	新设	sự thành lập	55
迅速 [じんそく]	rapid	迅速	nhanh chóng, lập tức	52
新入社員 [しんにゅうしゃいん]	new employee	新职工	nhân viên mới	7
親睦 [しんぼく]	camaraderie	和睦	tình hữu nghị	29

す

| スペース | space | 空间 | không gian, chỗ | 37 |

せ

税込 [ぜいこみ]	price after adding tax	含税	bao gồm thuế	15
精算書 [せいさんしょ]	statement of accounts	明细账单	bản kê khai	71
制度 [せいど]	system	制度	chế độ	27
成立 [せいりつ]	conclusion	达成	sự ký kết	75
西暦 [せいれき]	Western calendar	公历	Tây lịch	15
セキュリティ（ー）	security	安全设置、防御软件	an ninh	49
世代 [せだい]	generation	世代、一代	thế hệ	42
接客 [せっきゃく]	serving customers	接客	sự tiếp khách	10
接続する [せつぞくする]	to connect	连接	kết nối	25
設置 [せっち]	placement	放置、设置	sự đặt, sự lắp đặt	62
全角 [ぜんかく]	full width	全角	cỡ đầy đủ	9
前月比 [ぜんげつひ]	month on month	与上个月的同比	so với tháng trước	35
前日 [ぜんじつ]	previous day	前一天	ngày trước đó	52

そ

～増 [～ぞう]	～ increase	增加～	tăng ～	35
早急 [そうきゅう]	immediate	火速	một cách tức thời	41
増進 [ぞうしん]	enhancement	增进	sự cải thiện	27
総務 [そうむ]	general affairs	总务	tổng vụ	11

た

ターゲット	target	目标、（销售）对象	mục tiêu, đối tượng	39
対応 [たいおう]	response	对应	sự ứng phó, sự phản hồi	52
体言止め [たいげんどめ]	ending a sentence with a noun	以名词结句	sự kết thúc câu bằng danh từ	56
対策 [たいさく]	measures	对策	phương sách, biện pháp	10
対象 [たいしょう]	object, target	对象	đối tượng, mục tiêu	57
退席 [たいせき]	leaving	退席	sự rời đi (khỏi ghế, phòng)	94
大都市 [だいとし]	metropolis	大城市	đại đô thị	46
代表取締役 [だいひょうとりしまりやく]	representative director	董事长	giám đốc đại diện	7
高める [たかめる]	to enhance	提高	tăng	49
達成する [たっせいする]	to achieve	达成	đạt được	3
短縮する [たんしゅくする]	to reduce	缩短	rút ngắn	56
担当 [たんとう]	being in charge of	担任、负责	sự đảm nhiệm, sự phụ trách	3

ドライバー	driver	司机	tài xế	42
取扱説明書 ［とりあつかいせつめいしょ］	instruction manual	使用说明书	sách hướng dẫn sử dụng	23
取り組み［とりくみ］	working on	解决（问题）	biện pháp, cách xử lý	14
取引［とりひき］	transaction	交易	sự giao dịch	10
ドローン	drone	遥控无人飞机	thiết bị bay không người lái	47

な

内定者［ないていしゃ］	prospective employee	已经内定的人	nhân viên tương lai, chưa chính thức	72

に

～につきまして	regarding ～	关于～	liên quan đến ～, về việc ～	19
日数［にっすう］	number of days	天数	số ngày	55
日報［にっぽう］	Daily Report	日报	báo cáo ngày	2
入門［にゅうもん］	introduction	入门	sự nhập môn, mở đầu	7
入力［にゅうりょく］	input	输入	sự nhập liệu	13
認知度［にんちど］	level of public recognition	知名度、认知度	độ nhận biết của công chúng	43

ね

値上げ［ねあげ］	price increase	涨价	sự tăng giá	10
念のため［ねんのため］	just in case	为了慎重起见	cho chắc, cho yên tâm	68
年末年始［ねんまつねんし］	year-end and New Year period	年末年初	tất niên và năm mới	68

は

把握する［はあくする］	to grasp	把握、掌握	nắm bắt	41
廃止する［はいしする］	to remove	废止	hủy bỏ	15
配属する［はいぞくする］	to assign	分配	phân công	52
配布［はいふ］	distribution	散发	sự phân phối	38
パスワード	password	密码	mật khẩu	49
バックアップ	backup	后援、备份	bản dự phòng	43
発注［はっちゅう］	order	订货、下单	sự đặt hàng	13
話し言葉［はなしことば］	spoken language	口语	văn nói	20
パワーポイント	PowerPoint	PPT	PowerPoint	23
半角［はんかく］	half width	半角	cỡ nửa	9
パンフレット	pamphlet	小册子	tập sách mỏng	23

ひ

比較的［ひかくてき］	relatively	比较的	tương đối	47

著者

白崎　佐夜子（しらさき　さよこ）
　　ジャパンオンラインスクール　講師

翻訳

英語　株式会社アーバン・コネクションズ
中国語　徐　前
ベトナム語　Lê Trần Thư Trúc

イラスト

rena

装丁・本文デザイン

山田　武

10の基本ルールで学ぶ
外国人のためのビジネス文書の書き方

2021年9月22日　初版第1刷発行

著　者　白崎佐夜子
発行者　藤嵜政子
発　行　株式会社スリーエーネットワーク
　　　　〒102-0083　東京都千代田区麹町3丁目4番
　　　　　　　　　　　トラスティ麹町ビル2F
　　　　電話　営業　03（5275）2722
　　　　　　　編集　03（5275）2725
　　　　https://www.3anet.co.jp/
印　刷　萩原印刷株式会社

ISBN978-4-88319-896-2　C0081

10の
基本ルール
で学ぶ

別冊（べっさつ）

解答・解答例（かいとう・かいとうれい）

外国人のための
ビジネス文書の書き方

スリーエーネットワーク

第1章

◆ルール1

ウォーミングアップ 例

a) ・２０２１年 → 2021年（全角を半角にする）

・四月九日 → 4月9日

・4階 → 4階（全角を半角にする）

b) ・二つ → 2つ　・第一に → 第1に

c) 多かった。 → 多かったです。

練習1　1) 良かった、痛感した、多かったからだ／多かったからである、思った

2) なる、良くない、考えている

3) 多いのではないだろうか、あるだろう

練習2　例 a) 3月1日（月）11時〜12時半　b) 会議室205　c) 2箱ある

d) どこに何のフォルダがあるかが分かりにくい

e) フォルダ名についてのルールがなく、パソコンで

f) 棚に置く　　g) パソコン内で3年　　h) フォルダ　　i) フォルダ名

j) 番号を付ける　　k) 打合せ　　l) 報告する

m) 打合せ　　n) 3月9日（火）11時半

※1　算用数字は全て半角表記に統一した。

※2　表記をそろえた言葉：「フォルダ」、「パソコン」、「打合せ」、「〜時」、「半」

◆ルール2

ウォーミングアップ

a) ★ → ・　　& → および　　b) 1000 → 1,000

c) ↑ → 増えた／増加（した）

d) マスト → 必要／必須／必要不可欠　　！ → 。

練習1　1) ⑦顧客、③共有　　2) ⑥優先順位　　3) ④費用対効果　　4) ⑤前向き

5) ①保留　　6) ②持続可能性

練習2 a)：25件（5件／日）

b) お客様訪問：6件／顧客訪問：6件

c)：ベトナム語翻訳文を確認

d)※担当者に2点の訂正を依頼

e)「国際介護用品見本市」のため

f) 保留／先送り　　g) 返信／回答　　h) 失ってしまったからです。

i) 行わなければならないと思っております。

※　記号「→」、「★」、「！」、顔文字「((+_+))」は全て使用しない。

◆ルール3

ウォーミングアップ

a) デジカメ　→　デジタルカメラ

b) ・今　→　現在

　・使ってる　→　使っている

　・デジカメ　→　デジタルカメラ

　・古くなって　→　古くなり

　・読み込む時に　→　読み込む際に

c) ・スマホ　→　スマートフォン／スマートホン

　・もっと　→　より、更に

d) ・安くて　→　安く

　・コスパ　→　コストパフォーマンス

練習1 1) 際、やはり

2) 様々な／いろいろな、更に／より／一層

3) 雇うと／雇えば、可能性がある

4) 既に、少々、再度／改めて

5) 全く、必ず、させなければならない

6) 人事部の山田部長／山田人事部長、せず（に）

7) のような、できず

8) 思っていたが、非常に／大変／極めて

練習2　a) プレゼンテーション　　b) パワーポイントで作っており　　c) 全員／皆

d) 7時間ほど／7時間程度／約7時間　　e) 使っています　　f) しかし

h) 少々小さく　　i) や肩こりなど　　j) 数多く／多数

◆ルール4

ウォーミングアップ　例

a) 社内喫煙所の廃止について、下記のとおり提案いたします。

b) 整えることが望ましい

c) を機に

d) 業務に支障をきたしている

e) 10%をきり

練習1　1) ⑧痛感　　2) ①所存　　3) ⑤きる　　4) ②深める　　5) ⑨精進

6) ⑥余地　　7) ③図る　　8) ④支障　　9) ⑦難色

練習2　a) 苦戦を強いられて／余儀なくされて　　b) 急務だ／である

c) 差別化を図る　　d) 検討する所存だ／である

練習3　例 1) ①電子レンジ購入についての提案／電子レンジ購入の件

②標題の件につきまして、下記の通り提案いたします。ご検討いただきたく、

お願い申し上げます。

2) ①「1日で分かる経理入門セミナー」受講報告書

②このたび、標記セミナーを受講しましたので、下記の通りご報告いたし

ます。

3) ①「日本テクノロジー見本市」出展の件

②下記につきまして、お伺いいたします。ご決裁のほど、よろしくお願い

します。

◆ルール5

a) ・「1日当たり5件の新規契約目標数」が2度書かれている。

　　→　2つ目を「この目標数」「1日5件の新規契約」などに変更する。

　　・必ず必要　→　必要

b) ・〜の改善、〜の改善　→　商品説明方法と接客時間の改善

　　・8名より以上　→　8名以上

　　・〜を目指し、〜を目指す　→　〜の接客数および新規契約数100件を目指す

c) ・文末で「〜と思う」が3回連続している。

　　→　「〜だろう」、「と考える」などに書き換える。

　　・上げられないこともない　→　上げられる

練習1 例 1) 現状、未定　　2) 約30,000円／30,000円程度、必要

　　　　3) だけに／に限定　　4) まず／初めに、以上　　5) 分かります

練習2 例 a) 現状では　　b) まず／初めに　　c) そこに限定して／そこだけに

　　　　d) 考えもあります　　e) 大きな効果が期待できます

　　　　f) 展示会に初出展したいと考えております

◆ルール6

例

a) ・がんは適切に受け　→　がんは検診を適切に受け

b) ・〜ため、〜ため　→　〜把握できておらず、正確ながん検診受診率が分からないため、

c) ・把握したいです　→　把握することです

　　・図りたいです　→　図ることです

練習1 例 1) することです　　2) 考えることです

　　　　3) 丈夫な点だ／丈夫な点である／丈夫である点だ

　　　　4) できるから／ためです　　5) できること／点だ　　6) なったことだ

練習2 例 1)〈経営／存続〉が厳しくなった

2)〈この仕事／担当している業務／日本語の勉強〉が好きになった

3)〈改革／挑戦〉を続けることが重要である

4)〈部下／メンバー／皆〉を引っ張って

5)〈工場〉を建設し〈現地の人(々)／その土地で人(々)〉を雇っている

練習3 例 a) グローバル化した大都市で、起業する人が集まっているため、

b)「ER-X」が売れると判断した

c) 日本製品の／日本の物の／当社商品の

d) 高いことです

◆ルール7

[ウォーミングアップ]

a) ・1文が50字以上ある(65字)。

→ 例:A社の「ドローンZ」はデザインが良く、小さくて軽いため、持ち運びにも便利である。月5万円という比較的安い価格で借りることもできる。(40字、25字)

b) ・1文が50字以上ある(57字)。

・読点がない。

→ 例:B社の「ドローンW」は、飛ばせる時間が従来の3倍になったことが会場内で話題であった。今後、様々な分野での活用が期待される。(42字、19字)

c) ・読点がない。

・文と文のつながりが分かりにくい。

→ 例:講演では、ドローンの活用例が多数紹介されていた。特に物流分野では、ドローン技術活用の場が急速に広がっているとのことであった。

練習1 例 1) 現在、お客様にお見せする資料作成に時間がかかり、ほかの担当業務に大きく影響してしまっています。今月は、1資料につき1時間以内で書くことが目標です。(47字、26字)

2) 訪日外国人に人気の観光地として、フクロウと触れ合える「フクロウカフェ」や猫が駅長の駅などがある。このような「生き物」を活用したインバウンド向けの観光地は、国内に数多くある。(48字、38字)

3) 本日、初めて田中課長に同行してお客様を訪問した。お客様の生の声を聞くことができ、今後の課題や改善点などが明確になった。早速、明日から対策を考えていきたい。(24字、35字、18字)

練習2　1) ⑥ただし　　2) ③これに対して　　3) ⑤それにもかかわらず

4) ①なおかつ　　5) ②とりわけ　　6) ④つきましては

練習3　例 a) 中心の働き方は、新たな形に変わりつつ

b) 各部にて「出社とテレワークのバランス」について検討いただいております。（なお）かつ／また／さらに、今後管理部としては、従来の制度の改定を

c) どのような問題点があるか（、）専門家の意見を聞き、業務に生かしていく必要があると考えました。したがいまして／よって、

◆ルール8

ウォーミングアップ

文ではなく、「箇条書き」で書く。

例：

①2種類の通勤費支給方法

・出社中心勤務者（1か月の出社が12日以上）：定期券代を支給

・テレワーク中心勤務者（1か月の出社が12日未満）：かかった交通費を支給

②通勤費制度改定：2022年4月1日（金）開始

③「テレワーク手当」新設：1日5時間のテレワーク当たり200円支給

練習1　例 1) 再度、見積もり（を）依頼　　2) C社と交渉（の／を）開始

3) 30代（の）男性に好評　　4) 不明点：3点／不明点3点

5) 担当者（が）不在　　6) A社：製品X-245（の）購入（を）検討中

練習2　例 1) 株式会社ABC訪問予定：5月10日（水）

2) 商品Aの売上：3,500万円（前月比30%減）

3) 今月の売上数：15台（月間目標達成率：75%）

①

> 今後のキャリアプラン
>
> ■1年後
> 　① 全商品についてしっかり説明できるようになる
> 　② お客様に信頼される担当者になる
> ■3年後
> 　① グループリーダーになる
> 　② 数多くのことに挑戦して経験を積む
> ■5年後
> 　① シニアリーダーとして全ての業務を把握する
> 　② 社内で信頼される人材になる

②

> 時間内に業務を終了するための対策
>
> ① 始業前に「ToDoリスト」を作成
> 　・やるべきことと期限を記入
> 　・業務完了後、チェック欄にチェックを徹底
> ② 机の周りの整理
> 　・内容ごとにファイルを色分け
> 　・ファイルの設置場所を決定

◆ルール9

ウォーミングアップ

a)「これには」が何を示すかが分かりにくい。
　→　例 日本での生活も、業務にも少しずつ慣れてきた様子のブンクンさんですが、新しい環境にはまだ戸惑うこともあると思います。
b) 歓迎会の開始・終了時間、詳しい場所、費用などについての情報がない。
c) 出欠の表をいつまでに書けば良いか、途中参加の場合や、まだ出席できるか分からない場合についてがよく分からない。

練習1 例 1) 1月5日（水）までの1週間、　2) 2名
　　　　　3) 3点／2つ　　4) 30部　　5) 明日の朝10時までに

回　覧

20XX年6月15日

開発部員各位

開発部　パク　ダオン

歓迎会のお知らせ

　6月1日から開発部に配属されたブンクン・バイヤットさんの歓迎会を、下記のとおり行います。ブンクンさんはタイで日本語を学ばれ、今年4月に来日されました。趣味はゲームで、eスポーツの世界大会で優勝されたこともあるそうです。

　日本での生活や業務に、少しずつ慣れてきた様子のブンクンさんですが、新しい環境にはまだ戸惑うことも多いかもしれません。

　当日はブンクンさんと様々な話をして、お互いの親睦を深めたいと存じます。お忙しい時期ではございますが、途中からでもぜひご参加ください。

記

日時：　6月30日（水）18：30〜20：30
場所：　居酒屋「やきとり一番」
　　　　渋谷区南町1-1
　　　　（渋谷駅西口改札を出てまっすぐ徒歩5分。コンビニABCの隣）
　　　　電話番号：03-123-4567
　　　　HP：http://yakitoriichiban.co.jp
参加費：4,000円／人　（歓迎会当日までに、担当のパクにお支払い願います）

名前	鈴木部長	森リーダー	伊藤	西村
出欠				

6月26日（金）までに、出欠について○×でご記入ください。

　途中から参加の方、出席について未定の方は、パクまで直接ご連絡ください。何かご不明な点がありましたら、ご遠慮なくお問い合わせください。
　　　　担当：パク　（内線：256／e-mail: pakudaon@net.co.jp）

以上

◆ルール10

事実と意見を分け、事実は「報告事項」に、意見は「所感」に書く。

例：

5．報告事項

・新規契約5件（直接話をした企業18件）

・来場者数：11月8日（月）985人、9日（火）965人

・タイ語とベトナム語の資料の問い合わせ：6件

6．所感

　1日の来場者数が1,000人近い大きな見本市で当社製品の認知度を上げることができたと思われます。どのブースも活発な商談が行われており、来年も出展した方が良いと感じました。アジアの国々向けの資料作りを検討するべきだと考えます。

練習1 例

```
  5．報告事項
    ・X社へのプレゼンテーション資料作成
     5月16日（金）までに山田課長に提出予定
    ・新規契約1件（Y社）
     飛び込み営業でY社との新規契約成立
  6．所感
    ・プレゼンテーションの資料作成は不慣れな面が多く、時間もかかっています。
     分かりやすい資料ができるよう、過去の資料に目を通してコツをつかみたいと
     思います。
    ・飛び込み営業は第一印象が特に大切だと思い、身だしなみや言葉づかいに細心
     の注意を払いました。この点は、今後の営業回りに生かしていきたいと考えて
     います。
                                                以上
```

練習2 例

①

[所感]

　契約書（p10～15）の中国語翻訳は、3時間で終える予定でしたが、最後までできませんでした。その原因は、法律の専門の言葉を辞書で調べるのに、時間がかかりすぎたからです。法律の言葉について、勉強しなければならないと痛感しました。明日は、6ページを3時間以内で翻訳できるようにすることが目標です。そのために、今日辞書で調べた言葉をノートに書き、明日は辞書を見なくても翻訳できるようにします。

以上

②

[所感]

　本研修を受けて、ビジネスパーソンとしての身だしなみや挨拶について理解することができました。特にお辞儀の姿勢については、今まであまり気にしたことがありませんでした。頭だけを下げるお辞儀は、失礼な場合もあることを初めて知り、大変勉強になりました。今後は、社会人として恥ずかしくないお辞儀の仕方を心がけ、営業活動に生かしていきます。

以上

第2章

◆1．日報

練習1 例

日　報　　20XX年7月1日（木）	
所属　経理部	氏名　シュ　スーチー

1．業務内容

・9:00-9:30　ミーティング

・9:30-11:00　A社とのメールの日中翻訳

・11:00-12:00　コピー機購入準備
（A社、B社、C社の3社に見積もり依頼、
見積もり期限：7月8日（木））

・13:00-15:30　C社訪問（田村リーダーに同行）

・16:00-17:00　新入社員向けのテレワーク制度説明会参加
（場所：4階第1会議室、参加者：7名）

2．報告事項

日　報	20XX年7月1日（木）
所属　情報システム部システム開発課	氏名　アイリーン　トマ

1．業務内容
　　10：00-10：30　課内ミーティング
　　10：30-12：00　お客様からのメール対応（4件）
　　13：00-14：30　Z社の件での打合せ（営業部吉田課長、中村リーダー、トマ）
　　14：45-16：00　データ入力（5/100件）
　　16：00-17：45　社内プレゼンテーション資料作成

2．報告事項
　　1）お客様からのメール（4件）
　　　　・「XY300」についてのお問い合わせ：3件
　　　　・「VW200」についてのクレーム：1件
　　　　　新しい商品と交換することで解決済（中村リーダー対応）
　　2）Z社　次回打合せ：20XX年7月8日（木）14：00〜　Z社鈴木様来社予定

3．所感
　　・中村リーダーに対応していただいた「VW200」のクレームですが、商品について、
　　　本日しっかり勉強できました。次は、一人で対応できるようにしたいと考えます。
　　・データ入力は、現在1件当たり15分かかっています。目標の1件10分を達成する
　　　には、マニュアルをよく読んで、入力方法を覚える必要があります。
　　・社内プレゼンテーション資料は会社名と人名を間違え、注意を受けました。今後、
　　　同じミスをしないように名前をしっかり確認する所存です。

　　　　　　　　　　　　　　　　　　　　　　　　　　　　　　　　　　　　以上

れんしゅう　れい
練習1　例

4．研修内容
　　1）ビジネスマナーの基本
　　　　・挨拶と身だしなみ
　　2）敬語と言葉づかい
　　3）ビジネスコミュニケーションの基本
　　　　・報告・連絡・相談（ホウ・レン・ソウ）

5．所感
　　身だしなみは服装だけではなく、態度や表情にも気を付ける必要があるという点がとても印象に残った。また、「お手数ですが」「恐れ入りますが」「恐縮ですが」などの言葉は、今まで使ったことは全くなかった。今後は、これらの言葉を正しく使えるようにしていかなければならないと痛感した。
　　研修では、普段あまり意識していないことを数多く学び、大変有意義だった。ビジネスの基本を学ぶことができ、一社会人としての心構えができた。学んだことをしっかり身に付けていきたい。

以上

20XX年4月15日

労務部長　野口　和子様

労務部　ウー　ケイト

「社内文書作成基礎セミナー」受講報告書

このたび、標記セミナーを受講しましたので、下記のとおりご報告いたします。

記

1．日　時　20XX年4月15日（木）　13：00～16：00
2．会　場　オンライン開催（本社5F　第1会議室にて受講）
3．講　師　株式会社JLOS講師　星野　まゆみ氏
4．内　容

①　文体と表記を統一する		⑥　文の構造を正しくする	
②　カタカナ語と記号に注意する		⑦　短い文を書く	
③　「話し言葉」と「書き言葉」		⑧　見出しと箇条書き	
④　ビジネス文書に役立つ表現		⑨　6W4Hで具体的に書く	
⑤　同じ言葉や表現を繰り返さない		⑩　事実と意見を区別する	

5．所　感
　　　社内文書作成のポイントについて数多くのことを学び、大変有意義なセミナーでした。とりわけ、書き言葉については知らなかった言葉も多く、明日からの文書作成にすぐに役立てたいと思いました。また、短い文で書くことも非常に参考になりました。なぜなら、ビジネス文書は長い文の方が望ましいと考えていたからです。
　　　今後は書き言葉を使い、短く簡潔な文を書くことを意識しなければならないと痛感しました。

以上

◆3. 議事録

練習1 例

〈決定事項〉
　　・研修期間：2020年10月1日（木）〜2021年3月12日（金）
　　・研修内容：①社内文書ライティング
　　　　　　　　②ビジネスマナー入門
　　　　　　　　③ビジネスコミュニケーション入門
　　　　　　　　④グループワーク（新商品企画）
　　　　　　　　　　※①②：社外講師、③④：人事部
　　　　　　　　　　※研修は全てオンライン

〈検討事項〉
　　・社外講師は従来と同じで良いか。ほかの講師、費用について調べる。
　　（担当：木村リーダー）
　　・オンライン研修で問題点はないか。（担当：中村）
　　・オンライン研修で新しくできるセミナーはないか。（担当：中村）
　　・入社してからの新入社員研修内容はどうするか。

〈そのほかの意見・アイデア〉
　　・テレワークについての研修があれば、内定者以外の社員も参加可能ではないか。
　　（山田課長）

```
                                                              20XX年7月2日

  社内新聞についての打合せ議事録

                                        作成者　企画部　グエン　ロン
```

日　時	20XX年7月2日（金）13時～13時30分	場所	会議室B
出席者	木村リーダー、中山、グエン	欠席者	西村
議　題	社内新聞の現状の課題と改善策について		
決定事項	・社内新聞についてのアンケート実施 ・アンケート質問作成：7月9日（金）13時まで　（担当：グエン） ・アンケート送付予定：7月13日（火） ・アンケート回答期限：7月20日（火）17時まで		
検討事項	・社内新聞の情報が集めにくい原因と改善策について ・社内新聞を紙ではなくWEB社内新聞に変更する		
次回日時・場所	7月23日（金）13時～　会議室B		

以上

◆4. 稟議書 (りんぎしょ)

練習1 (れんしゅう) 例 (れい) 1)【件名 (けんめい)】セキュリティソフト（の）導入 (どうにゅう)
　　　　　【効果 (こうか)】新 (あたら) しいセキュリティソフトの導入 (どうにゅう)、安全性 (あんぜんせい) の向上 (こうじょう)
　　　　2)【件名 (けんめい)】学生 (がくせい) アルバイト（の）雇用 (こよう)
　　　　　【理由 (りゆう)】現在 (げんざい) の社員 (しゃいん) だけでは不十分 (ふじゅうぶん) である
　　　　3)【件名 (けんめい)】新入社員歓迎会 (しんにゅうしゃいんかんげいかい)（の）開催 (かいさい)
　　　　　【効果 (こうか)】親睦 (しんぼく) を深 (ふか) める、コミュニケーションが円滑 (えんかつ) になること

練習2 (れんしゅう) 　a) 20,000　　b) 29,000　　c) 1.0　　d) 1.0　　e) 5,000　　f) 17,500
　　　　g) 22,500

起案No: 20-15333

コピー機の新規リース契約について

起案日：20XX年9月12日

起案者：管理部　マリー　ウィリアムス

　以下のとおりコピー機の新規リース契約をしたく、ご承認くださいますようお願いいたします。

記

1．内容

　現在コピー機をリースしているA社との契約が本年12月に終了するため、C社と新規にリース契約をする。

2．効果

　・コピー機の性能向上

　・月に5,000枚コピーするとした場合、毎月¥6,500の費用削減

3．機種・数量

　「レノンBX-200」1台

4．費用

　・月に5,000枚コピーするとした場合、

　　月額リース代　¥17,500（現在：¥20,000）

　・コピー代　¥1.0/枚（現在：¥1.8/枚）

5．契約先

　株式会社C社

6．添付資料

　・「レノンBX-200」カタログ　　1部

　・見積書（A社、B社、C社）　各1部

以上

回覧	役員	本部長	経理部	総務部	管理部

練習1　●下書きメモ

a) 10,000　　b) 2　　c) 240,000　　d) 255,000　　e) 180　　f) 100

例

20XX年2月25日

労務部課長　鈴木　あさみ　様

労務部　ブライアン　タン

勤怠管理システム導入についての提案

標題の件につきまして、提案いたします。ご検討いただきたく、お願い申し上げます。

記

1. 提案内容
　　タイムカードを廃止し、勤怠管理システム「ジョブキンタ」を導入する。

2. 現状と問題点
　　①タイムカードから全100名の社員の情報をPC入力するのに、毎月2人が1日
　　かけて作業している。
　　②使用済みタイムカードの保管に棚を4台使用しており、オフィスでファイル
　　を入れる場所が十分にない。

3. 期待される効果
　　①経費削減（¥39,000/年の削減）
　　②業務の効率化
　　③棚の有効利用

4. 必要経費
　　・¥216,000/年（現在：¥255,000/年、いずれも税込）

5. 添付資料
　　・見積書　　　　　　　　　　　　　　　　　　1部
　　・勤怠管理システム「ジョブキンタ」資料　　　1部
　　・他社システム資料　　　　　　　　　　　　　各1部

以上

○○年○○月○○日

総務部長 ○○ ○○ 様

総務部 ○○ ○○

電気代削減についての提案

電気代削減について提案いたします。ご検討のほど、よろしくお願いいたします。

記

1. 提案内容
　①誰も使っていない部屋（お手洗いや会議室など）は電気を消す。
　②お昼休みにはパソコンの電源を切る。
　③エアコンの温度は28度にし、扇風機を使用する。
　④窓に緑のカーテンを設置する。

2. 現状と問題点
　①今年8月の電気代が¥130,000で、昨年の8月に比べて¥30,000高くなっている。
　②電気の使用について、会社でルールが決まっておらず、社員に電気を節約し
　　なければならないという意識があまりない。

3. 期待される効果
　①電気代の削減
　②社員の電気代についての意識の向上

4. 必要経費
　・緑のカーテン設置費用： ¥65,000 （高さ6m×横5m）

5. 添付資料
　・緑のカーテン資料および見積書 各1部

以上